谨以此书献给"难民之父"饶家驹先生，
献给当年创立了二战时期最出色难民区——上海南市难民区的人们。

Ce livre est dédié à Robert Charles Emile Jacquinot de Besange,
fondateur de la zone de sécurité de Shanghai.

This book is dedicated to Robert Charles Emile Jacquinot de Besange,
founder of the Shanghai Safety Zone.

教育部人文社科重点研究基地上海师范大学都市文化研究中心规划成果
上海高校高峰高原学科建设计划资助(上海师范大学中国史学科)成果

上海拉贝：
饶家驹

苏智良 王海鸥／著

人民出版社

目　录

第一章　从法国到上海

饶家驹是一名法国人，却把他一生中最重要的 27 年献给了中国，献给了上海，成为上海众望所归的慈善领袖，并创造了战时保护平民的"上海模式"。

第二章　南市难民区的缘起

1937 年，淞沪会战爆发，上海出现了多达 70 余万难民。有人提出在租界虹口与相邻的华界之间建立一个中立区以收容上海的难民。上海的人口已经从百万增长到300多万人，成为世界上名列前茅的大都市。饶家驹非常喜爱这座远东的国际大都市，喜欢美味的中国菜，他讲着流利的上海话，在虹口、法租界和南市之间穿梭活动，完全成了一个"老上海"。但在这一年，日本在上海发动了新的战役，战火很快蔓延开来，难民的数量远远超过了1932年第一次淞沪战争，面对这种情况，一向悲天悯人的饶家驹会怎么做呢？

第三章　难民区的管理与运作

南市难民区南界为方浜路（今方浜中路），东、北、西三面为民国路（今人民路），尽管只有不到一平方公里的空间，但却是东方战火中的诺亚方舟，大量难民涌入了这个小小的安全区。这些逃难者缺衣少食，无依无靠，如何保证他们最基本的生活需求就是一个大问题。如此多的难民挤在这么小的一方区域，如何进行管理也是一大挑战。所幸饶家驹和众多工作人员一起，充分发挥了他们的聪明才智，维持了难民区的正常运转。许多中外慈善团体也纷纷献策献力，他们的辛勤努力也是难民区得以维持的一个重要条件。

第四章　难民们的日常生活

难民区的管理者们尽心尽力地为难民们提供衣食住行等各方面的便利，以使他们尽量能够过上正常的生活。那么难民们在难民区的生活具体是什么样的？曾在难民区生活过的人们，又是如何来描述他们那一段特殊的经历的呢？

第五章　推广与影响

在南市难民区建立后，1937 年年底，南京仿照着南市难民区也建立了南京安全区，1938 年年底，饶家驹又亲赴汉口，建立了汉口难民区。此后，饶家驹在远东的难民救助理念、模式与传奇，流传于世。1949 年，上海南市难民区被写进《日内瓦公约》，成为战时保护平民的光辉典范，对世界文明影响深远。

引子：饶家驹是谁

公元 1937 年 11 月 9 日星期二，中国上海，正经历着战争的剧痛。

这是第二次世界大战中的首场百万人大战，炮弹呼啸，机枪声声。

在上海老城发祥地的南市，城市与居民都面临着巨大的浩劫。从黄浦江边到邑庙路一带，船上、岸边、街道，到处火光冲天，几百年的老店瞬间化为乌有，孤儿的惨叫，老妇的哭泣，构成了一幅惨不忍睹的战祸图。

而与此同时，以方浜路为界的南市北部却是罕见的平静。尽管到处都是风尘仆仆的难民，但他们的眼神里已没有了死亡的恐惧。

城隍庙里，作为城市的保护神——城隍老爷的神像摇摇欲坠，似乎在宣告他的有心无力。就在山门南侧的方浜路上，一字排开的铁丝网将南市的南北隔成了两个完全不同的世界。

南市的战斗刚刚休止，一队粗壮、矮个的日本兵，趾高气扬地踏进了南市的北部，在大街上随意闲逛。难民们的心提到了嗓子眼，却又无人敢吱声。这时，一位 60 岁左右、穿着教士服装的白人，挡住了这群日本兵的去路，他用流利的日本话告诫他们：这里是难民区、中立区，武装军人不得入内。

几乎已横扫上海的日本兵，露出了既不屑又愤怒的眼神，他们即将成为这块土地的主人，没有谁能阻挡他们前进的步伐。为首的军官一声令下，刚才还分散着的日本兵立即整齐列阵，戒备地对着这位传教士。只见这位英俊高大、戴着眼镜的传教士并没有退缩，面对着剑拔弩张的局势，仍用平和而坚定的语气说道："你们的松井石根司令保证过，日本军人不会进入这里，请你们后退！"

听到"MACHI YI"松井大将的名字时，为首的日军军官明显地犹豫了一下，他被这位教士的威严所震慑，他决定先退出再说。

等到日本兵的身影消失不见，教士身后的难民不禁欢呼起来。没有了日本兵的随意进入，难民的安全就有了极大的保证。这位传教士才是难民区真正的保护神啊！

人们不禁要问，这位传教士是谁？

作为中国最高统帅的蒋介石，在 1938 年 3 月 9 日给这位传教士写信，代表全体中国人，"敬致最诚挚之谢忱"：

寇氛张盛，淞沪沦陷，我同胞锋镝余生，重遭荼毒。蔽

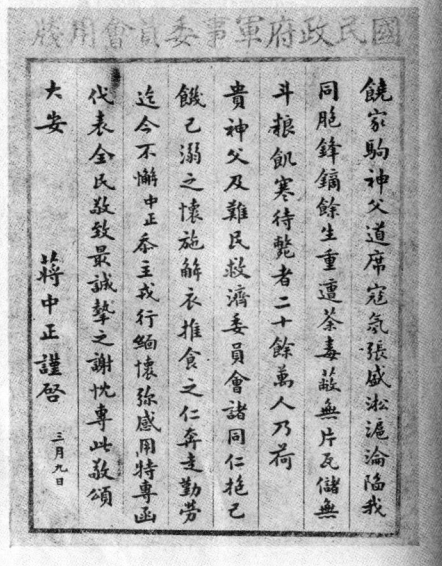

为感谢饶家驹在建立难民区保护平民方面的贡献，中国国民政府军事委员会委员长蒋介石特意致饶家驹一封专函，代表中国政府和人民向饶家驹致以最诚挚之谢忱

（图片来源：《上海法租界公董局警务处关于南市难民区的材料》，上海档案馆藏，档案号：U38-2-1189）

张充仁创作的教士雕像

（图片来源：《张充仁传》作者陈耀王提供）

无片瓦，储无斗粮，饥寒待毙者二十余万人。乃荷贵神父及难民救济委员会诸同仁，抱己饥己溺之怀，施解衣推食之仁，奔走勤劳，迄今不懈。中正忝主戎行，缅怀弥感，用特专函，代表全民，敬致最诚挚之谢忱。

生活在上海的雕塑家张充仁立刻给这位教士塑造了一尊雕像，教士的脸上洋溢着天使般的笑容，栩栩如生。

2013 年 9 月 10 日，在这位传教士 67 年忌日之际，来自法、德、中的外交官及各界人士在柏林的圣湖公墓举行了隆重的墓地重建仪式。墓碑上除了德文、法文记述外，中国学者余秋雨先生

余秋雨先生的题词：仁者爱人

（图片来源：姜玉春 2013 年摄）

书写的"仁者爱人"四个字，在这片欧洲的墓地中，显得格外引人注目。

人们不禁思考，这位传教士做了什么，让不同国籍、不同肤色的人们如此的盛赞和怀念？

许多的历史人物和事件，如果不去挖掘，也许就会湮没。

让我们一起揭开这段尘封已久的往事。

第 一 章

从法国
到上海

饶家驹是一名法国人，却把他一生中最重要的 27 年献给了中国，献给了上海；成为上海众望所归的慈善领袖，并创造了战时保护平民的"上海模式"。这其中究竟有怎样的曲折，一切都要从饶家驹来到上海说起。

传教士饶家驹

这是 1913 年，第一次世界大战爆发的前一年。来到上海，对饶家驹来说既是一个机遇，也是一个挑战。

第一次听到"饶家驹"这个名字的人，或许会认为这是一名中国人。这么一个中国化的名字，却属于一个耶稣会法国传教士，这不禁让人有些好奇——这个法国人如何成为一个传教士，又是如何来到中国传教的呢？

饶家驹，法文名 Robert Charles Emile Jacquinot de Besange，1878 年出生于法国西部的桑特市。对于饶家驹的父母我们了解的并不多，只知道他的母亲名为 Lesbie Marie Emma Josephine Got，父亲名为 Francois Eugenie Emile Jacquinot。[①] 在求学时代，饶家驹被公认为是一个才华横溢的学生。16 岁时，他加入了耶

① ［美］阮玛霞：《饶家驹安全区——战时上海的难民》，白华山译，江苏人民出版社 2011 年版，第 4 页。

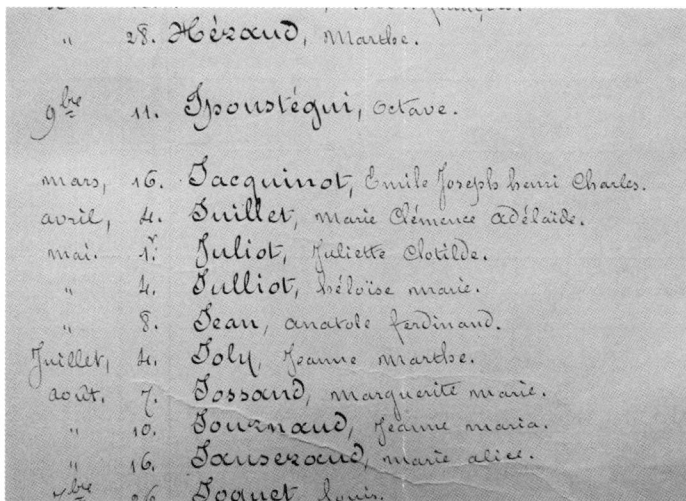

法国桑特市 1878 年出生档案中，记有饶家驹（Jacquinot）名字的目录

（图片来源：姜玉春 2013 年拍摄于法国桑特市）

法国桑特市的饶家驹故居

（图片来源：姜玉春 2013 年拍摄于法国桑特市）

稣会。由于 20 世纪初法国局势的变化，耶稣会被驱逐出法国，饶家驹无法在法国完成他的宗教学业，因此他辗转英国、比利时等好几个国家，经历了 19 年的培训后，才正式成为一名传教士。尽管饶家驹成为传教士比别人多花了 4 年的时间，但这段经历也赋予了他一笔宝贵的精神财富，多国的生活经历增加了他的阅历，使他很好地掌握了英语、拉丁语等多种语言文字，也磨炼了他的意志，锻炼了他应付各种局面的能力。在完成学业后不久，饶家驹就被派到上海传教。

这是 1913 年，第一次世界大战爆发的前一年。来到上海，对饶家驹来说既是一个机遇，也是一个挑战。

初登黄浦滩

　　20世纪初的中国在经历了甲午战争、八国联军侵华战争的惨败后，已经日益衰败，是一个贫穷、落后、分裂、混乱的国家。面对这样一个国家，饶家驹的痛心和忧虑可想而知。

　　1913年，饶家驹乘船来到了上海。上海是中国城市中的一个奇迹，当时已享有"东方巴黎"的美誉。这里是一片冲积平原，在唐宋时期初露头角，到明清时代已是较为繁荣的海港，当然与江南的杭州、苏州等城市相比，上海显得还不太起眼。但是，上海的重要性很快被外国人发现。1842年的《南京条约》使上海成为对西方开放的通商口岸之一，上海的命运发生了根本性的变化。由于其地处中国中部，位于富庶的长三角的出海口，十分有利于商业贸易的发展，因而吸引了大批中外冒险家来此创业。清末民初，中国内陆处于经常性的动荡不安的状态，各方军阀官僚争权夺利，使得战火不时在各个地区燃起；而上海在条约的保护下，维持了难得的安定局面，这更吸引了各国商人前来寻求利益，其中也包含了大量来自中国内陆的商人。总之，这一时期的上海维持了难得的稳定与繁荣的局面，是动荡的中国大地上的一个特例。

当饶家驹登上黄浦滩时，展现在他眼前的已经是一个古老与现代并存的上海了——在上海的老城区，古色古香的中国传统建筑鳞次栉比；在洋泾浜的两侧，租界里高大的洋行建筑分立大街两旁。而租界的发展，很大程度上要归功于中外居民的不懈努力。自租界设立以来，各国侨民在居住的区域内仿照欧洲城市发展公用事业，加强社会治安，改善卫生情况，并将母国的生活方式引入租界。经过半个世纪的努力，20 世纪初的租界已发展到可与欧洲的大城市比肩的规模，生活在租界的外国人，也恍若生活在欧洲都市。这样的上海，让无数类似饶家驹的外侨，虽远离故土，却仍能感受到故乡的亲切。

尽管饶家驹只是被派在上海传教，但从饶家驹此后的经历看，他的目光从未局限在上海。可以想象，饶家驹在登上黄浦滩后，看到的不仅是一片繁荣的上海，还有上海背后整个广袤的中国。20 世纪初的中国在经历了甲午战争、八国联军侵华战争的惨败后，已经日益衰败。尽管孙中山领导的民族革命推翻了清王朝的统治，建立了亚洲第一个共和国——中华民国，但新的制度并未给中国带来预想的繁荣、稳定与富强，中国仍没有真正实现民族独立、民主政治和民生幸福，中国仍是一个贫穷、落后、分

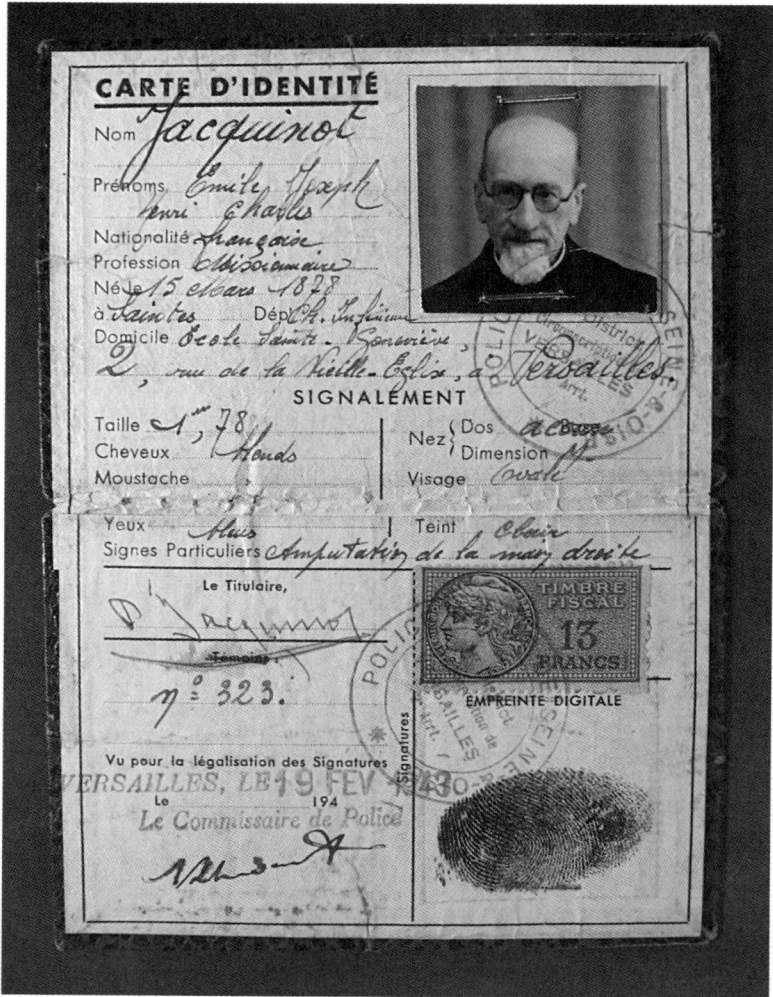

饶家驹的身份证

（图片来源：姜玉春 2013 年 10 月翻拍于法国巴黎郊外旺弗耶稣会档案馆）

裂、混乱的国家。面对这样一个国家，饶家驹的痛心和忧虑可想而知。他暗下决心，要用自己的一切来帮助中国的民众，尽力为他们减轻痛苦。

城郊之间的徐家汇

近代来华传教的传教士为方便传教，都要先"请位通人起个名字，随后穿长衫，拿起筷子来吃饭，读中国书，讲中国话，跑到乡下去，和民众打成一片"。

饶家驹来到上海后，首先栖居在徐家汇。徐家汇得名于晚明著名科学家徐光启。徐光启曾在此处建立农庄别业，从事农业实验并著书立说，在其逝世后，徐家后人仍在此繁衍生息，再加上此地处于肇嘉浜与法华泾两水汇合处，故得名"徐家汇"。由于徐光启的后裔世代笃信天主教，因而明清时期传教士来华传教时，法国天主教耶稣会江南教区就在徐家汇建立了耶稣会会院，一批批耶稣会传教士先后来到此处，兴建教堂、学校和宿舍，徐家汇逐渐成为耶稣会的一块东方基地。作为一名年轻的耶稣会传教士，饶家驹来到上海后，自然先在徐家汇落脚。1914 年，经袁世凯政府的同意，法租界扩张到了徐家汇，这里的城市化进一步加速。

在徐家汇，饶家驹的首要任务便是学习中文。近代来华传教的传教士为方便传教，都要先"请位通人起个名字，随后穿长衫，拿起筷子来吃饭，读中国书，讲中国话，跑到乡下去，和民众打

Le R. P. Jacquinot de Besange, S. J.

这是饶家驹一生最著名的一张照片，经常被中国各种报刊文献引用

（图片来源：上海历史博物馆藏）

成一片"①。饶家驹亦是如此。或许是得益于他出色的语言天分，或许是他在多国生活的经历，饶家驹迅速掌握了中文这门语言，还给自己起了个完全中国化的名字——饶家驹。有人推测这是因为"饶家驹"的上海话发音，与法语的"Jacquinot"很相像，就这样，"饶家驹"这个名字伴随了他在中国的 27 个年头。

---

① 　赵尔谦：《饶神父的伟业（一）》，《申报》1939 年 4 月 17 日。

不仅仅是神父

饶家驹认为，中国发生的天灾人祸，往往比其他国家来得严重，"这是因为中国幅员大，所以蒙受的灾难也较世界上其他国家来得大"。

近代来华的传教士特别注重文化和自然科学的素养，饶家驹也不例外。在徐家汇学习中文的同时，饶家驹还兼任徐汇公学（现为徐汇中学）的监学，教授法文和化学。徐汇公学是法国天主教在中国创办最早的教会学校，初创于道光三十年（1850年），大多由法意两国的神父主持校务，学校的内部组织及其管理方法，除具有耶稣会学校的风格外，还带有浓厚的法、意两国教育制度的色彩。饶家驹作为一名法国神父，在徐汇公学教书有着得天独厚的优势。此外，他还被聘为震旦大学英国语言与文学教授，教授英语和自然科学。震旦大学是天主教耶稣会与中国宗教领袖马相伯等在上海创办的著名教会大学，于光绪二十九年

（1903 年）成立。作为一个老师，饶家驹态度严谨，学生多怕上他的课，但这并不影响学生对他的喜爱，因为他待人十分真诚。在徐汇公学教书期间，饶家驹不幸失去了他的右手，这又是怎么回事呢？

事情要追溯到 1914 年的 5 月，此月是圣母月，徐汇公学的师生们预备到佘山教堂去拜圣母，届时要燃放烟火。由于饶家驹是化学老师，因而学校命饶家驹制作一些烟火。上海连日的阴雨天气使得储备的火药潮湿，不易引燃，因而饶家驹在中午时分将火药晾晒在石头上，准备晒干后磨细来用。午饭后一点钟正是学生休息的时间，一些好奇的学生便来观看饶家驹制作烟火。饶家驹告诫学生们火药危险，让他们走远一些。不料，在磨药的时候，火药突然爆炸，饶家驹猝不及防，右手被炸断，面部也多处受伤。所幸围观的学生站得比较远，爆炸只对几名学生造成轻微的伤害。事故发生后，立即有人打电话请红十字会的医生来救治。医生到来后，饶家驹不顾自己受伤最严重，坚持让医生先去救治学生。[①] 饶家驹因此失去了右手，从此之后就变成了"独臂神父"。

饶家驹博学多才，精通多国语言，英、法、德等国语言尤为娴熟，在中国待的时间久了，他还学会了流利的北京话和上海话。他又擅长演说，举手投足、只言片语都有感人的魅力。他非

---

① 《饶司铎受伤后怜爱学生》，《善导报》1914 年第 13 期，第 51 页。

常关心学生的生活，曾资助不少贫寒的学生。他认为青年人是国家的希望，因此他特别注重对青年人的教育。他曾公开对震旦学生说："干社会事业的人，应该多交际、活动，多识朋友和研究心理，因为社会是人的集团，在它里面服务，就非彻底了解它不可，否则事业便无成功的希望。"[1] 饶家驹自己也是这么做的，所以他的朋友非常多，中日欧美各国的友人都有。

　　除了教书育人外，1914 年至 1934 年间，饶家驹还担任虹口

饶家驹曾居住的震旦大学第二宿舍，与图中的建筑（今上海交通大学医学院）相同，但已被拆除

（图片来源：陈斌 2014 年摄）

---

① 　赵尔谦：《饶神父的去思》，《申报》1940 年 6 月 18 日。

圣心堂的教区神父。虹口自清末起居住着数以万计的日本侨民，长期与日本侨民的交流，使饶家驹能说一口流利的日语，只是因为这里的日侨多来自日本关西地区，所以他的日语明显带有关西腔。在这里，饶家驹除履行常规的牧灵职责外，还给当地的葡萄牙人教授英语，为虹口"圣母昆仲会学校"的修士们提供精神指导。1917 年，他被任命为上海公济医院（今为上海市第一人民医院）的院长。此后至少有十年时间，饶家驹几乎天天都去公济医院探望病人。他还经常造访圣玛利亚医院——即广慈医院（今为瑞金医院），这也是一所天主教会开办的医院。在医院里，饶家驹不仅关心病人的身体状况，也十分注重病人的心理状况。1927 年时，他在医院看到一个失去手臂的女孩灰心丧气，因此经常去看望她，并安慰女孩说："我也只有一只手臂，但仍能正常工作"，劝慰她不必因此而难过。饶家驹的话使女孩重新鼓起了生活的勇气。在饶家驹的感染下，这个本来不信教的女孩后来领洗入教，并在智利结婚，有了幸福美满的生活。①

　　尽管生活在衣食无忧、平安繁华的上海，但饶家驹的目光却时常关注着上海以外的中国大地——灾害频仍造成普通民众流离失所，而政府却缺乏有效的救济。因此，在本职活动之外，饶家驹还非常积极地从事各种慈善活动。作为上海华洋义赈会的重要

---

① 　《上海饶司铎劝人奉教之懿闻》，《公教进行》1939 年第 11 卷第 16、17、18 期，第 444 页。

一员，他积极投身各种赈灾活动，[①] 并因贡献卓著而在 1922 年获得中国政府颁发的三等嘉禾章。[②]1926 年，众望所归的饶家驹担任了上海华洋义赈会会长，从此更加积极地推动各类慈善活动的开展。1929 年豫陕甘爆发灾情，他发放赈款万元；[③]1931 年长江水灾期间，他曾在上海组织捐款；[④]1935 年黄河泛滥时，饶家驹"躬亲赴徐视察灾情"，然后递交报告，组织救灾；[⑤] 他在报纸上刊登启事，"特吁求仁人善士，或慷慨解囊，或捐助药品，以赈垂亡，功德无量。"[⑥]饶家驹认为，中国发生的天灾人祸，往往比其他国家来得严重，"这是因为中国幅员大，所以蒙受的灾难也较世界上其他国家来得大"，"但是在这伟大的中国，虽常遭到重大的祸患，同时也会获得极大的幸福。"[⑦] 他先后担任过灾民救济会会长、国民政府水灾委员会委员、大上海社会救济委员会委员。[⑧] 长期从事救灾活动，使得他对灾民的疾苦有着深入的了解，虽然是一个外国人，但他对中国的了解、对中国灾民的救助却丝毫不输于同时代的中国慈善家。

---

① 《华洋义赈会职员会纪》，《申报》1922 年 4 月 8 日。
② 《命令》，《申报》1923 年 5 月 27 日。
③ 《华洋义赈会开职员会》，《申报》1929 年 2 月 23 日。
④ 《华洋义赈会赈灾消息》，《申报》1931 年 9 月 11 日。
⑤ 《华洋义赈会董事会纪》，《申报》1935 年 9 月 12 日。
⑥ 《华洋义赈会征募赈款药品启事》，《申报》1935 年 9 月 15 日。
⑦ 周达：《人道的战士——饶神父》，《益华报》1938 年第 2 卷第 13 期，第 206 页。
⑧ 张若谷：《上海难民的保母：饶家驹神父》，《中华（上海）》1939 年第 75 期，第 30 页。

　　饶家驹是个极富爱心和同情心的人，对于受苦受难的人敢于挺身而出。1927 年 3 月北伐战争期间，当饶家驹得知位于河南北路支路上的圣家修女院处于北伐军与北洋军阀交战炮火的包围中时，他立即赶了过去，尽力说服交战双方给他让出一条进出修道院的安全通道。3 月 23 日，饶家驹同英国总领事巴尔敦、英军总指挥陆军上校戈特勋爵、英国特卫队情报部长官一起去解救修道院内被围困的人，但最终只有饶家驹一人被允许前往修道院。一路上，饶家驹的手被刺伤，额头也被弹片擦伤，但他并没有退缩，最终成功地带领修道院的修女、儿童以及在修道院躲避炮火的难民走出交战区。①

---

① ［美］阮玛霞：《饶家驹安全区——战时上海的难民》，白华山译，江苏人民出版社 2011 年版，第 31—33 页。

难民救助的初步尝试

在 4 个小时内，饶家驹一行人救出了七八百名难民，多数是老幼妇孺。事后，上海市市长吴铁城致函饶家驹及万国军团，表示谢意。

20 世纪 30 年代的上海并不太平，这在客观上也为饶家驹施展自己的才华提供了广阔的舞台。事实上，饶家驹是个十分乐善好施的人，他不会坐等别人来向他求助，而经常会主动地去寻找需要帮助的人们。更难能可贵的是，饶家驹对普通民众的帮助，很少能让人感受到宗教色彩，尤其是对难民的救助。

1932 年 1 月 28 日，日军在上海的闸北突然挑衅，战火立刻点燃。由于事发突然，战区内的许多中国居民来不及外逃，被困在闸北虹口，饥无食，渴无饮，情境凄惨。饶家驹听说战事发生后，冒着被误伤的风险，立即前往战区。在战区的边缘，他发现在一间被炮火洞穿的小屋里，蜷缩着 10 余名小孩，悲惨呼号却无人救护，其景惨不忍睹。饶家驹忧心忡忡，又一次挺身而出，找英国领事商量停战解救难民的事。英国领事对饶家驹的想法表示赞同，于是向中日双方提议停战数小时，允许慈善团体进入救助难民。①

在各方的努力下，这一提议最终得到了中日双方的认同，2 月 11 日早上 8 点至中午 12 点被定为停火时间。由于饶家驹兼任着万国商团的随军神父，这一次的行动还得到了万国商团和法籍姆姆的帮助，红十字会则提供了 8 辆大卡车。一些公共租界与华界交界处的商店也自动打开大门，方便饶家驹一行人救出的难民顺利快速地进入租界。在 4 个小时内，饶家驹一行人救出了七八百名难民，多数是老幼妇孺。事后，上海市市长吴铁城于 14 日致函饶家驹及万国军团副司令海雷贝尔，表示谢意：

> 为鸣谢拯救战区灾民出险由
>
> 上海市政府公函特字第一二号
>
> 迳启者。查自日本攻击闸北以来，战区灾民不及逃出者为数不少。此次乃承执事与海雷贝尔中校，慈善为怀，率领救护人员亲赴战区拯救，使灾民得以脱离危险。本市长殊深

---

① 《上海虹口饶司铎发起之营救北四川路宝山路间难民》，《圣教杂志》1932 年第 21 卷第 3 期，第 183 页。

感谢，除分函外，相应函达，即希查照为荷。此致

　　　　介昆诺神父（即饶家驹——作者注）

　　　　　　　　上海市市长吴铁城

　　　　　　　　中华民国二十一年二月十三日①

　　饶家驹得到这一表彰后，上海宗教界认为"此事不光是饶司铎个人的荣誉，实在也是我公教慈善精神的一种发现"。吴市长的这封感谢函，不仅是对饶家驹个人的感谢，同时也是对饶家驹从事难民救助事业的一种肯定。②

　　从关爱学生到关心病人，从救助灾民到援救战区的难民，饶家驹的一举一动无不体现着他博爱的情怀，对于受苦受难的人，他总能挺身而出，冒着生命危险去拯救他人。或许是受到其母亲热心助人的影响，或许是受到耶稣会教义的感召，饶家驹对这些人总是抱有深深的同情，愿意尽一切努力来帮助他们。他所受的教育以及他曲折的经历也给予他巨大的力量，使得他有足够的能力去帮助这些不幸的人。曾有人用"勇敢明敏"来形容饶家驹③，笔者以为是很恰当的。

---

① 《上海虹口饶司铎发起之营救北四川路宝山路间难民》，《圣教杂志》1932年第21卷第3期，第184页。

② 王海鸥、苏智良：《饶家驹：伟大的"难民之父"》，《世纪》2015年第4期。

③ 叶榭：《勇敢明敏的饶神父》，《上海人》1938年第1卷第9期，第132页。

第 二 章

南市难民区的
缘起

时间一晃到了 1937 年，这是饶家驹来到上海的第 24 个年头。上海的人口已经从百万增长到 300 多万人，成为世界上名列前茅的大都市。饶家驹非常喜爱这座远东的国际大都市，喜欢美味的中国菜，他讲着流利的上海话，在虹口、法租界和南市之间穿梭活动，完全成了一个"老上海"。但在这一年，日本在上海发动了新的战役，战火很快蔓延开来，难民的数量远远超过了 1932 年淞沪抗战，面对这种情况，一向悲天悯人的饶家驹会怎么做呢？

中日大战烽火连天

作为中国的近邻，日本对中国早已虎视眈眈。从 1931 年日军侵占东北开始，日本就已经准备逐步吞并中国。1936 年西安事变和平解决后，中国内战逐渐平息，日军加快了侵占中国的步伐，在政治、经济、外交、军事等方面进行了全面的部署，中日间的大战一触即发。1937 年 7 月 7 日，卢沟桥事变点燃了华北的战火，中国北方告急。此后蒋介石政府已决心抗日，出于各种因素的考虑，蒋介石政府把目光投向了上海。8 月 9 日 "虹桥机场事件"的发生，引燃了上海战事的导火索。

"虹桥机场事件"的起因是日本海军陆战队的一名中尉军官与一名一等水兵驾驶军车直冲虹桥机场，被机场守卫者击毙。这一事件很快挑起了中日间新的战火。8 月 13 日，日军的海军陆战队在铁甲车的掩护下，向宝山路的中国守军发起攻击，驻守上海的第九集团军在张治中的率领下奋勇抵抗。由于上海的重要地位，蒋介石不断增派军队，向日军发起反攻。日军也连续调集军队，增援上海的日军，这使得上海的战况异常激烈。22 日，日

战争的惨剧，每天都在发生。这是 1937 年"八一三"之后街道被轰炸，平民横尸街头的场景

（图片来源：上海市档案馆藏）

军在吴淞口登陆，威胁中国守军的侧翼，中国守军后撤阻击。9月1日，日军从狮子林和吴淞两面夹击宝山，守卫宝山的中国守军在日军的海陆空火力联合攻击下顽强坚守了 7 天，终因减员严重而奉命撤退。到 9 月中旬，中国军队撤到江湾、庙行、罗店、浏河一线，继续与日军战斗。双方军队不断增援，上海之战成为第二次世界大战史上第一场百万人的大厮杀。

　　上海战事打响后，最先遭殃的便是无辜的百姓。由于战事首先发生在闸北、虹口一带，这里居民自 12 日开始便大批地涌向

战火中的上海

（图片来源：《支那事变·上海》）

公共租界和法租界，从而引发了第一波难民潮。在难民的必经之路外白渡桥上，人流滚滚。有人对此有过生动的描述："白渡桥上的人，拥挤得如钱塘江的怒潮，奔腾澎湃地在寻求出路。那时，地上婴儿的哭声，行走迟缓的老弱的男女，被压在地下的呼救音，呼儿唤女的悲啼音……这一切的声音，震动天地，惨彻心脾。又因人心慌乱，亟望逃出战区，所以人如蜂拥……难民为了要逃生，衣箱也抛了，被褥也丢了，满路尽是遗弃物，把宽阔的马路，弄得隘狭难走了。"① 仅在"八一三"当天，至少有 6 万中国人逃入了租界避难。这些人中有的用板车或老虎车拉，有的肩

---

① 朱作同等编：《上海一日》第二部，上海华美出版公司 1938 年版，第 15、16 页。

挑背负，把一切能够带走的东西都带进了租界。[①]

　　为了速战速决，日军动用了海陆空全方位的先进武器。随着战事的发展，上海城区的周边地区也不断沦陷。在这种恐怖威胁下，大批民众抛下房屋土地，踏上逃难的道路。按照他们的经验，上海的租界是外国人保护的地方，只有逃到租界才是安全的，因此大批民众拖家带口，赶往租界，形成了新一批汹涌的难民潮。由于缺乏组织，再加上日机的不断轰炸，许多难民妻离子散，逃难的路上回荡着难民的哭喊呼号声。一些难民由于劳累和饥饿昏厥病倒，倒下去便再也爬不起来了。

　　大量的难民涌入租界，给租界带来了巨大的压力。有人估计，到 8 月底的时候，上海难民已有 70 万人。[②] 这 70 万难民大部分涌进了公共租界和法租界内，还有一部分挤在租界与华界的交界处。如此数量庞大的难民挤在两租界 4 万多亩的土地上，而两租界原已有 170 万人口，租界的压力可想而知。为应付大量难民的涌入，租界方面也采取了大量的措施。

　　首先，两租界的铁门自 8 月 13 日起实行关闭管制，每天晚上 10 时至第二天早晨 5 时还实行宵禁。[③] 两租界的铁门是从 1927 年起开始建立的，公共租界设立了 16 处铁门，法租界设立

---

①　陶菊隐：《孤岛见闻——抗战时期的上海》，上海人民出版社 1979 年版，第 3 页。

②　《各团体遣送难民回籍　由南站离沪者已达三万人》，《申报》1937 年 8 月 31 日。

③　郑祖安：《"八·一三"事变中的租界与中国难民》，《史林》2002 年第 4 期。

了 33 处铁门，平时都是开放的。战争爆发后，虽然租界实施了将铁门关闭管制的政策，但由于难民人数不断增加，阻不胜阻。难民们为了逃命，更是想方设法地进入租界。这样一来，铁门关闭政策虽然在一定程度上影响了难民涌进租界的速度，但对难民进入租界的数量却没有太大的影响。而且租界当局出于人道方面的考虑，当两租界内的慈善机构到租界外去接收大批难民时，铁门仍是开放的。

其次，租界当局成立了一个专门的协调救济委员会（Committee of Co-ordination），负责租界的营救和撤离难民事务。10 月 13 日，两租界当局又任命了一个"难民调查委员会"（Refugee Survey Committee），职责是为两个租界当局提出一些建议，协调两租界工作，特别是针对迫在眉睫的问题，提出可行的紧急应对措施。① 一方面，租界内的一些学校、庙宇、公共场地被腾出来辟为难民收容所；另一方面，大批来自浙江、苏北等距上海较远地区的难民被租界当局遣送回籍。租界还调动了各方力量为难民募捐，并为难民注射疫苗，防止出现大面积的疫情。由于人员密集，租界当局也花了大量的精力来维持租界内的卫生状况。

最后，租界当局鼓励慈善团体妥善处理难民问题。当时租界内有不少慈善团体参与难民的收容与遣送工作。例如上海国际救济会在 8 月 15 日就建立了上海国际救济会第一难民收容所，此

---

① 苏智良主编：《饶家驹与战时平民保护》，广西师范大学出版社 2015 年版，第 130 页。

淞沪会战时的漫
画：战争和霍乱在
上海市区肆意横行
（图片来源：上海
历史博物馆藏）

在法租界与华界交界处巡逻的安南巡捕
（图片来源：上海历史博物馆）

后逐渐又建立了第二、第三、第四、第五、第六所，收容难民达 6 万人以上。[1] 上海慈善团体联合救灾会也在两租界陆续建立了 50 余所难民收容所，先后收容难民达 50 万人以上。[2] 当时连黄金荣的大世界游乐场也改成了难民收容所，帮助收容难民。此外，上海战区难民救济委员会、世界红卍字会等慈善团体也纷纷参与设立收容所救济难民的工作。与此同时，各慈善团体也尽力疏散难民回乡，尤其是各旅沪同乡团体，利用同乡的便利，遣送难民返乡。据报道，上海 70 万难民中，有 30 万难民表示自愿返乡，每日离沪者有 4000 人到 5000 人。[3]

但是，随着战区的不断扩大，越来越多的难民涌向租界，特别是 11 月初日军在杭州湾登陆后，上海以西的嘉定、杭州等城镇均遭战火，还有难民们从离上海更远的周边地区赶来。此时上海的租界已经人满为患，最佳的出路便是在界外为难民寻找一块区域，在此区域内难民可以获得不亚于租界内的保护与救济。

最早提出这一想法的是一位 T.C.Wang 先生，他在 1937 年 8 月 13 日的联合委员会会议上提出，在虹口与相邻的华界之间建立一个中立区以收容难民，该区"由一个中立军队，或是英美军队，或是中日军队，允许他们进入这个区。毫无疑问，这个提议

---

[1]　《上海国际救济会年报, 1937—1938》，上海集成印刷所 1938 年印，第 36 页。

[2]　中国人民政治协商会议上海市文史资料委员会编：《抗日风云录》，上海人民出版社 1985 年版，第 37 页。

[3]　《各团体遣送难民回籍　由南站离沪者已达三万人》，《申报》1937 年 8 月 31 日。

中国当局自然接受，因为这只是一个临时的区域，并非为了创建一个新的租界。另一方面，如果日本军队的唯一目的是保护日本侨民及其财产的话，他们从其工作角度对于这种非罪恶性的中立区也会抱有同情"。他认为，"他们没有理由反对这项计划。中立的军方处理这种繁重的任务可能困难重重，但相对于外国人在上海利益在这次战争中可能遭受的损失而言——即使苏州河以南该区的地区未被殃及，租界当局将会发现，执行这项任务是值得的。"① 但由于虹口地区很快就处于中日双方交战的炮火中，这一计划也就不了了之了。

面对上海等地汹涌的难民潮，国民政府在 1937 年 9 月 7 日颁布了《非常时期救济难民办法大纲》等一系列法案，规定难民须向当地赈济机构登记，由赈济机构发给白布印制的难民证，并由难民赈济机构根据难民的情况，给予饮食、住宿、医药等方面的救济。这些法案规定难民的饮食由各级政府机构提供，但"以食料及必需物品为限，并应限制食料之消费，及预筹其来源"。② 行政院于 1937 年 9 月又成立了非常时期难民救济委员会，办理难民救济事务，"由行政院、内政部、军政部、财政部、实业部、交通部、铁道部、卫生署、赈务委员会，各指派高级职员一人为

---

① 苏智良主编：《饶家驹与战时平民保护》，广西师范大学出版社 2015 年版，第 138—139 页。
② 孙艳魁：《苦难的人流——抗战时期的难民》，广西师范大学出版社 1994 年版，第 144 页。

国际红十字会用船只遣返难民回乡

（图片来源：上海市档案馆藏）

随着战争的进行，越来越多的难民涌向租界避难。但租界因人满为患而限制难民进入。
一些没有进入租界的难民滞留在临近法租界的街道上

（图片来源：上海历史博物馆藏）

委员，以行政院所派之委员为主任委员"，[1] 并在各省、市、县设立分、支会。1938 年 2 月 24 日，行政院颁布了《赈务委员会组织法》，成立赈济委员会，此前非常时期难民救济委员会的分、支会一律改为赈济分、支会，并将民政部相关业务划归赈济委员会办理。[2]

当时上海的官方救济组织是上海市救济委员会，它是由上海市市政府社会局发起，联合各慈善团体成立的。这一组织包含了当时上海主要的一些慈善团体及机构，包括中国红十字会、世界红卍字会、上海市慈善团体联合救灾会、上海华洋义赈救灾总会、中华公教进行会、上海基督教青年会等。上海市救济委员会由社会局局长潘公展任主任委员，负责统筹办理非常时期的一切救济事宜。从 1937 年 8 月 13 日至 9 月 30 日的一个半月中，上海市救济委员会共设难民收容所 104 所，收容难民最多时达 8.4 万人，遣送难民 7 万余人，死亡 962 人。[3] 到 10 月初，上海市救济委员会易名为"非常时期难民救济委员会上海分会"，并加强从水陆两路输送难民的力度。上海沦陷后，非常时期难民救济委员会上海分会将救济工作交给了"慈联会"

---

① 孙艳魁：《苦难的人流——抗战时期的难民》，广西师范大学出版社 1994 年版，第 150 页。

② 孙艳魁：《苦难的人流——抗战时期的难民》，广西师范大学出版社 1994 年版，第 150 页。

③ 中共上海市党史资料征集委员会主编：《抗战初期上海党的难民工作》，上海新闻出版局 1993 年版，第 48 页。

接办。

"慈联会"全称为上海慈善团体联合救灾会，是一个官民合办的慈善机构。它由国民党官方发起，联合了上海佛教净业社、中国济生会、中国红十字会、上海孤儿院等慈善救济组织。"慈联会"早在战事发生前就已经成立，主席由许世英担任，赵朴初具体负责慈联会的救济事务。早在战事发生的前夕，"慈联会"就已经投入到转移、收容、救济难民的工作。鉴于一·二八事变时难民被困交战区的教训，"慈联会"提早派出车辆，将有可能成为战区的区域的居民送往租界内的安全地带，并设收容所加以收容和救济。赵朴初曾回忆，上海抗战中的第一个难民收容所就是由"慈联会"开办的。[①] 到 8 月底的时候，"慈联会"已设立了收容所 40 余处。

中国共产党也积极组织力量投入到救济上海难民的工作中。1937 年 12 月，中共江苏省委成立了省委难民工作委员会，简称"难委"。"难委"成立后，开展了卓有成效的难民工作。据吴海勇的统计，共产党人在八一三事变后的近三年的时间里，总共在 37 个难民收容所开展难民工作，合计有党员 439 人（次）参与其中。[②] 共产党的难民工作不仅注重对难民进行生活、生产上

---

① 赵朴初：《抗战初期的上海难民工作》，《党史资料丛刊》1981 年第 2 辑，上海人民出版社 1981 年版。

② 苏智良主编：《饶家驹与战时平民保护》，广西师范大学出版社 2015 年版，第 269—270 页。

铁丝网前的难民们，他们亟待救助

（图片来源：上海市档案馆藏）

的救助，还特别注意对难民进行宣传教育。因此，除了在收容所组织教育难民外，共产党员还积极组织动员难民参加新四军、进入工厂做工、在上海近郊开展抗日武装斗争等活动。在救济难民的工作中，共产党自身的力量也得到了发展壮大。在"难委"初创时，其党员人数只有 30 名，到 1939 年年底的时候，党员人数已经增长到 390 余人。[①] 一批党员干部也在难民工作中脱颖而出，

① 中共上海市委党史研究室：《中国共产党上海史（1920—1949）》，上海人民出版社 1999 年版，第 1043 页。

迅速成长为党的中坚力量。

此外，还有一些国际性的难民救济机构、本地的同乡组织、慈善人士在从事救济难民的工作。

国际性的难民救济机构，在上海为数不少，如世界红十字会、基督教救济会、华洋义赈会、全国基督教协进会等，其典型代表为上海国际救济会。上海国际救济会成立于8月13日沪战爆发的当天，由上海华洋义赈会、中国红十字会总会、上海慈善团体联合救灾会、世界红卍字会、中国济生会、中华公教进行会等慈善团体发起成立，在租界内设立了6个收容所，难民的生活条件相对其他难民收容所来说要稍好一些。由于这些国际性的难民救济机构大多有外籍人士的参与，在筹募资金以及与各方的交往中有优势，因此这些机构的难民救助活动成效显著。

上海本地的同乡组织在救济难民的活动中也发挥了重要作用。近代上海是同乡组织最繁多、最强大的城市，战争爆发后，各同乡组织也积极投入到救助难民的活动中。以宁波旅沪同乡会为例，在战争刚爆发时，宁波旅沪同乡会立即组织了200人的救护队，深入战区救护难民。宁波旅沪同乡会还在民国路（今人民路）四明公所和平济利路（今济南路）定海会馆设立了两个难民收容所，负责办理同乡难民收容和照料返籍同乡等事宜，以后又不断增设收容所至14处，收容难民25000人。宁波旅沪同乡会还专门雇用4艘外轮，行驶沪甬之间，自8月15日至9月17日，往返 20 次，疏散甬籍难民 8 万余人。[①] 为集中力量做好难民工作，1937 年 8 月 29 日，上海各旅沪同乡会举行集会，出席者有全浙、浦东、河北等地同乡会代表 40 余人，一致通过组办联合办事处章程，分列办理、遣送、收容和救济 4 项工作，全力帮助难民同胞。[②] 由此可见，同乡会在减少难民数量、遣返难民回乡方面也作出了巨大的贡献。

此外，还有些宗教团体、慈善人士在从事难民救济活动。这其中最重要的当属饶家驹。

[①] 上海社科院历史研究所编：《"八一三"抗战史料选编》，上海人民出版社 1986 年版，第 449 页；熊月之主编：《上海通史》第 7 卷，上海人民出版社 1999 年版，第 355 页。

[②] 陈丽凤、王瑶、周耀虹：《上海抗日救亡运动》，上海人民出版社 2015 年版，第 351 页。

饶家驹与淞沪会战初期的难民救助

饶家驹是国际救济会第一难民收容所的主要创办人。第一难民收容所占地 20 亩左右，有大芦棚 7 幢，其中 4 棚收容妇女，3 棚收容男子及孩童。另外还有 7 处不同大小的芦棚，2 处是办公室，3 处是厨房，分别用来做饭、做菜与烧水，还有 1 处是一个小型的医院，包括诊室与病室，最后 1 处是难胞的男女浴室和理发室。所内还配置了大量的电灯和充足的自来水。

当卢沟桥事变、平津失守、淞沪紧张之际，饶家驹就已经敏锐地预感到中日在上海的交锋已不可避免。想到战事一旦发生，战区人民势将流离失所，作为上海华洋义赈会会长的饶家驹，便与宋汉章一起考虑建立统筹救济事宜的国际组织。于是，上海华洋义赈会联合中国红十字会总会、上海慈善团体联合救灾会、世界红卐字会、中国济生会、中华公教进行会，选出 11 名代表，组成具有国际性的救济会，定名为"上海国际救济会"。随后又

上海国际救济会第一收容所职员难民全体合影

(1937 年 10 月 24 日启昌照相馆摄，图片来源：上海市档案馆藏)

邀请了各国驻华领事、各国商会以及其他正式团体共同参加。

8 月 13 日，上海国际救济会在上海银行公会召开会议，参会者除原有的六团体代表外，还增加了中国佛教会、上海青年会代表及法国商会傅立德、前公共租界工部局总办钟思等，会上公举奥尔、柏韵士、钟思、傅立德等十人为常委。18 日又召开会议，推举屈文六、奥尔为会长。其总部设在敏体尼荫路（今西藏南路）的中国基督教青年会。在国际救济会中，饶家驹任常务委员及救济组副主任，兼任第一难民收容所所长。①

---

① 　王海鸥、苏智良：《饶家驹：伟大的"难民之父"》，《世纪》2015 年第 4 期。

由饶家驹任领导的救济组主要负责开办难民收容所、收容难民的工作。战事爆发后，上海难民骤增，国际救济会先后设立 6 个难民收容所来收容难民，至 1938 年 8 月下旬，一共收容难民 6 万多人。[①] 饶家驹亲自担任第一难民收容所所长。受中共江苏省委难民委员会领导的黄定慧在《上海国际救济会第一收容所四个月工作报告》中，详细地讲述了第一难民收容所的成立始末：

跟着敌人侵略战争的展开，把整个大上海形成了东战场

---

① 《上海国际救济会年报，1937—1938》，上海档案馆藏，档案号：Y3-1-258，第 36 页。

的最前线，上海以及附近的居民，都被炮火轰离了他们的生活场所，或是居住地址，而流浪到了每个不相识或非素识的街头。没有食粮，也没有用具。

记得经过八一三和八一四几天数万人在马路上的露宿，我们虽是由团体设法布施食粮，但总觉得不能再忍耐着眼看这种悲惨生活的继续。也巧震旦大学才院长和饶神父发伟大的善心，就在八一五的那天，借顾守熙先生的客厅，和陈志皋先生、黄定慧先生商定在震旦大学操场上，盖搭芦棚，建造起一个规模较大的收容所。后来，我们连续好几天，每天在圣彼得堂饶神父的课室里，加入了威尔逊先生、潘肇邦先生、顾吉生先生和毛霞轩先生共同商量，决定组织一个理事会来管理这收容所。

刚开始几天食粮，是由上海市救济委员会来帮助的。收容额为一千五百人，设备还没有完竣，难胞的人数已经足额。继着饶神父主持的华洋义赈会，又联合了其他团体，成立上海国际救济会。于是在饶神父直接领导下的震旦收容所，被编列为国际第一收容所，而收容的人数也重新由一千五百人扩充为二千五百人。理事会公推饶神父为正主任，副主任为顾吉生先生，兼管理会计及庶务事宜外，其他各组的工作和事业的推进，都付与黄定慧先生任总干事之责。同时，饶神父仍邀集原来理事会的几位先生，每星期一在他的地方，为全体难胞解决许多增进福利的事情。[1]

由此看出，饶家驹是国际救济会第一难民收容所的主要创办人。由于准备充分，第一难民收容所的设施还比较完善。它占地20亩左右，有大芦棚7幢，其中4棚收容妇女，3棚收容男子及孩童。另外还有7处不同大小的芦棚，2处是办公室，3处是厨房，分别用来做饭、做菜与烧水，还有1处是一个小型的医院，包括诊室与病室，最后1处是难胞的男女浴室和理发室。所内还配置了大量的电灯和充足的自来水。

第一难民收容所的组织也比较健全，除设正、副主任和总干事外，还设有副总干事和秘书，以及收容、训导、卫生、警卫、给养组，每组干事大多由大学生、留学生等文化道德修养比较高的青年人担任。而比较重要的会计和庶务组也由副总干事顾吉生亲自选派精明干练的人来办理。在日常事务上，总干事负责在饶家驹的领导下处理对内对外的一切事务，而副总干事负责处理内部日常事务以及协助总干事处理其他事务。秘书则负责文书和交际两项工作。收容组负责难民的登记、难民人数的统计、难民的管理和遣送，训导组担任难民的教育与组织，卫生组担任衣服、医药以及清洁方面的工作，警卫组担任保护与警戒，给养组担任食物的供给与分配。健全的组织机构使得各部门各司其职又相互

---

[1] 《上海国际救济会第一收容所四个月工作报告》，上海档案馆藏，档案号：Y3-1-260，第1—2页。

配合，高效地处理所内的各项事务。用人方面又多选择精明干练、有知识有文化的人，这使得各项工作能够顺利展开。第一收容所健全的组织模式和高素质的工作人员是其成功的关键，这些因素多被后来的南市难民区借鉴。

由于难民逃难时只携带了少量的食物，而维持温饱是难民最基本的需求，因此在收容所内，难民的吃饭问题是需要着重考虑的。在国际救济会的收容所里，此项事务由给养组专门负责，本着"费用省、营养足、分配匀"的原则，给养组与卫生组、庶务组共同商定采购蔬菜的种类，以使花费低而营养充足。厨工均由难民担任，由于难民人数众多，这样难免产生一些难民混进厨房偷吃食物的现象。为此，厨房工作人员一律要求佩戴绿色袖章，无袖章者不得进入厨房。难胞们每日进餐两次，分别为上午 10 时及下午 5 时。由于资金有限，菜食以黄豆芽、青萝卜干、豆腐和青菜为主。还有一些外国的妇女每天两次来为婴儿和生病的儿童分发牛奶。

尽管难民们在物质生活上稍显匮乏，但他们的业余生活还是丰富多彩的。为丰富难民生活，第一难民收容所还举办了各种比赛。1938 年 7 月 3 日，收容所举办了"生产杯"足球赛，两队分别起名为"震混"队和"西联"队，比赛结束后，两队队员和当时难民收容所的干事黄定慧合影留念。难民在收容所也做一些简单的工作，如结绳、制衣等。难民在收容所内按年龄、性别、程度分级接受教育，还有儿童唱歌队、孩子剧团等组织。收容所每日举行一次清洁运动，"值日者将棚内所有被褥、衣服运至旷

1938 年 7 月 3 日，国际救济会第一难民收容所举办"生产杯"足球赛。图为"震混"队和"西联"队合影。中立者为收容所总干事黄定慧（后名黄慕兰）

（图片来源：中共上海市委党史资料征集委员会编：《上海人民革命史画册》，上海人民出版社 1989 年版）

饶家驹与难民收容所工作人员的合影，中间靠右着黑衣者为饶家驹

（图片来源：上海市档案馆藏）

地曝晒，由清洁队将棚内扫洗消毒，并每月由各棚将所用衣被沸水泡煮，藉以消灭臭虫蚤子以及细菌"。[1]

在一年的时间里，第一难民收容所共收容难民 6886 人，以妇女儿童居多。由于饶家驹后来忙于南市难民区的相关事务，所内具体事务由饶家驹的助手潘大成负责。这个收容所直到 1939 年 12 月才关闭。[2]

---

[1]　《上海国际救济会年报，1937—1938》，上海档案馆藏，档案号：Y3-1-258，第 12 页。

[2]　上海社会科学院历史研究所编：《"八一三"抗战史料选编》，上海人民出版社 1986 年版，第 484 页。

为什么要建立南市难民区

　　饶家驹约同法国驻沪海军司令赴日领事馆与日本领事及日本海军第三舰队司令长谷川清等会商，一方面他请求对遣送难民回籍的船只、火车等勿施轰炸，以免伤害无辜的平民；另一方面计划在南市划一块区域，专门收容难民，并要求日军不要轰炸此区域。

　　如前文所述，早在"八一三"当天，一位 T.C.Wang 先生就提出在虹口与相邻的华界之间建立一个中立区以收容难民的想法，但由于虹口很快就变成了战火横飞的战场，这一计划流产。我们无法知道饶家驹建立南市难民区的想法是不是由这位 Wang 先生的提议而来，但我们从文献资料中得知，饶家驹在 9 月 21 日首次向日本提出在南市划一块专门收容难民的区域，但日方当时并未同意。①

① 《饶神父救护难民热忱　商敌方勿再轰炸　敌尚无切实答复》，《申报》1937 年 9 月 23 日。

从 8 月 13 日到 9 月 21 日，时间已经过去了 5 个星期，那么，饶家驹为什么在这个时候提出建立难民区的想法呢？

饶家驹特有的悲天悯人的情怀，使他特别关注普通民众的疾苦，尤其是无依无靠、背井离乡的灾民、难民总是让他牵挂不已。1937 年中国的局势尤为复杂，从卢沟桥事变开始，饶家驹就对中日两国的局势保持密切关注。8 月 9 日"虹桥机场事件"发生后，上海的局势顿时也紧张起来。饶家驹敏锐地感觉到上海将要有战事发生，为了提早做好救助难民的准备，他以上海华洋义赈会①的名义邀请沪上其他有关系的慈善团体，合力筹办"上海国际救济会"（International Relief Committee, Shanghai）。"虹桥机场事件"后的第二天，上海国际救济会就召开了第一次谈话会。由于上海方面还在以会议商谈的方式协商解决"虹桥机场事件"，这次谈话会主要围绕着救济处于战火之中的天津难民展开，会上各慈善团体共拿出 4 万元汇给天津的万国救济会。②

8 月 13 日，驻上海的日本海军陆战队司令长官大川内少将下令向中国军队发动进攻，京沪警备司令官张治中即命令中国军队立即坚决还击，淞沪会战爆发。同一天，上海国际救济会在上海银行公会召开成立大会。此后，上海国际救济会陆续在租界设立了 6 个难民收容所，收容和救助难民。

除了国际救济会在设立难民收容所外，上海还有一些慈善

---

① 　饶家驹当时担任上海华洋义赈会的会长。
② 　《上海国际救济会概况》，上海市档案馆藏，档案号：Y3-1-259。

团体、宗教团体、同乡组织也在组织设立难民收容所。与此同时，这些组织也在尽力疏散难民回乡，以减轻收容所的压力。如9月，宁波旅沪同乡会的收容所已经扩充至8处，同时每天组织船只遣送同乡难民。① 当时有很多人乐观地以为，此次战争会同"一·二八"后的淞沪抗战一样，不会持续太长时间。一些逃难的难民也没有携带过冬的衣物。但是，随着战况的发展，局势已经变得越来越不同于"一·二八"了。

首先，一·二八淞沪抗战只持续了一个多月，从1932年1月28日到3月3日，时间比较短。而淞沪会战直到1937年9月中旬，仍丝毫没有要结束的迹象。中日双方在不断增加兵力，战区扩大，伤亡惨重，战事异常激烈。其次，一·二八淞沪抗战主要在闸北、江湾、吴淞等地，而淞沪会战的作战范围不断扩大，浦东、宝山、嘉定等地先后发生战事，罗店等地出现了中日两军反复争夺的惨烈场面。一些居民直到战火烧到家乡附近才开始逃亡，这就使得在整个战争过程中不断有难民从战区及战区附近的地方逃往租界。据报道，到8月底上海难民已达70万人②。虽然一部分难民被慈善团体遣送回籍，但遣送难民回籍的活动经常遭到日军的破坏。这主要是由于日军对遣送难民回籍的船只、火车、汽车等滥施轰炸。比如8月28日，日军12架飞机轰炸上海南站，掷弹8枚，正在候车离沪的难民死伤达六七百人之多，其

---

① 《外轮恢复南北航线　甬难民继续遣送》，《申报》1937年9月2日。
② 《各团体遣送难民回籍　由南站离沪者已达三万人》，《申报》1937年8月31日。

状惨不忍睹："没有头的人、断了手足的人满眼皆是，一个个都躺在地上，横七竖八的。"① 三天后，杨行汽车站又被日机轰炸，在站候车的伤兵难民两百余人全被炸死。9 月 8 日由上海开往南京的难民列车在松江车站被炸，难民死亡三百余人。② 一方面是难民不断涌进租界，另一方面日机的狂轰滥炸使租界内的难民无法返回原籍，难民越积越多，他们的衣食住宿、防疫卫生对租界来说无疑是一个巨大的挑战。

在这种情况下，9 月 20 日，上海国际救济会已经开始准备在华界设立难民收容所，并派该会常委奥尔负责向日方接洽，屈文六与各学校接洽。③ 但是，此时的饶家驹，想得更为长远，考虑得也更为周全。21 日，饶家驹约同法国驻沪海军司令赴日领事馆与日本领事及日本海军第三舰队司令长谷川清等会商，一方面他请求对遣送难民回籍的船只、火车等勿施轰炸，以免伤害无辜的平民；另一方面计划在南市划一块区域，专门收容难民，并要求日军不要轰炸此区域，但是日方军事负责人对此并没有给予肯定切实的答复。尽管日方没有同意饶家驹的请求，但他并没有气馁，仍不断地与日方往返商洽，设法疏通。④

---

① 朱作同、梅益主编：《上海一日》第一部，上海华美出版公司 1938 年版，第 173 页。
② 匡幼衡编：《倭寇残酷行为写真》，战争丛刊社（武昌）1937 年版，第 40 页。
③ 《国际救济会拟办华界收容所》，《申报》1937 年 9 月 20 日。
④ 《饶神父救护难民热忱　商敌方勿再轰炸　敌尚无切实答复》，《申报》1937 年 9 月 23 日。

上海南市的一处十字路口，一队中国军人正在向日军射击

（图片来源：*le Journal de Shanghai*，1937 年 11 月 12 日，第 3 版）

　　10 月 26 日，中国军队的核心阵地——大场被日军占领，中国军队全线向西撤退，闸北、宝山、普陀等地沦陷。这引发了第二波难民潮，当地的居民纷纷向南迁徙，但大部分没有进入租界，其中不少人暂时到战事平静的南市躲避。到 11 月 5 日，日本第 10 军（3 个师团）自金山卫登陆，并直插松江；正面进攻的上海派遣军则从长宁、徐汇一带攻击。从而出现了第三波难民潮，城乡民众纷纷绕过无法进入的法租界而从徐家汇、龙华等地汇集到南市。在民国路希望进入法租界避难的民众日益增加，他们缺水断粮，拥挤不堪，形势越发危急。

与中日双方的艰难交涉

在得到日本方面同意建立难民区的许可后，饶家驹又急忙与中国方面协商。事实上，此前饶家驹已试探过中国方面的态度，而且得到了赞同的回复。11 月 2 日，饶家驹正式向上海市市长俞鸿钧建议，在南市划一区域接纳难民。

为了使日方能够尽快同意设立难民区的请求，减少无辜难民的痛苦，饶家驹还动用了自己的私人关系——请相熟的英国记者田伯烈代为疏通。据日本同盟通讯社记者松本重治回忆，在大场镇即将陷落的时候①，一天傍晚，《曼彻斯特·保卫者》的特派员田伯烈来同盟分社找他，向他讲述了饶家驹希望在南市区划建一个难民区的想法。田伯烈告诉松本重治："在南市有一个法国天主教神父叫贾基诺②，在中国传道已有二十多年。他在第一次世界大

---

① 大场镇陷落是在 1937 年 10 月 25 日。
② 即饶家驹。

战中，作为从军神父而负伤，失去了一只手①。他认为，日中两军如果承认南市区的一部分为难民区的话，有可能保障二三十万中国人的生命。他把这个想法和中国方面谈了，中国方面认为，如果日本方面同意并支持的话就行。但是，遗憾的是，贾基诺神父没有一个值得信任的日本人朋友。神父过去就认识我，所以和我商量，希望我把这个意思转达给相关的日本人，我就想先和你商量，你如果赞成这一构想的话，请告诉我采用什么方式可以和日本方面接触。因为这实际上意味着局部地区的停战协定，恐怕会涉及复杂的问题，所以踌躇再三，最后决定把一切都告诉你，所以今天到这里来。你如果说不行，我也死心了，只得把这个情况告诉神父。如果你说可以，我想是找到了最能帮忙的朋友。"②

对此，松本重治表示，自己大致了解这个事情，非常赞同这位神父的想法，并愿意尽自己的绵薄之力。谈及采取什么方式同日本方面进行联系的问题时，松本重治回答："首先，去找我所信得过的前辈日本参事官，把事情告诉他。他一定会同陆海军很好地商量。担任占领地区行政工作的是陆军特务部，负责人楠本大佐曾担任过武官辅佐官，同我们记者谈得拢。关于这个问题，

---

① 饶家驹是 1913 年来到上海，他是在一战爆发前就来到了中国。饶家驹失去右手正好是在 1914 年一战爆发的那一年，所以许多人据此认为饶家驹的手是在一战中失去的，但实际上饶家驹的右手是在徐汇公学时不慎被火药炸掉的。但在上海，人们一直传说并相信，饶家驹的右手是被德军炸断的。

② ［日］松本重治：《上海时代》，曹振威、沈中琦等译，上海书店出版社 2005 年版，第 595 页。

据我推测，日高先生会首先去同楠本大佐商谈。听了你刚才的话，我直觉地认为，重要的是在什么地段设立难民区，该地区必须在军事作战上影响最小。"田伯烈对此表示同意："贾基诺神父对于这一点，好像已经作过充分考虑，他如果把南市'城内'方浜路以北地区作为难民区的话，相信能够满足一切条件。"①

　　松本重治查看地图后，认为这一地区从地理上看是合适的，但有一个条件——不能让持有武器的中国士兵逃到难民区里来。关于这一点，必须向法租界和中国方面讲清楚。如果这一点讲清楚了，日本方面大概就没有反对的理由了。对此，田伯烈回答说："贾基诺神父对于刚才松本先生所说的条件，已经采取措施了。按照神父的设想，因为法租界当局也已经答应全面配合，万一出现中国逃跑的官兵通过法租界，从北侧蜂拥到难民区的情况，法租界决定靠自己的武力，解除残败官兵的武装。贾基诺神父说，如果日本方面赞成这个方案，他将立即组织一个英、美、法等国民间人士参加的国际委员会，这一设想，已经得到有关各方的口头承诺。国际委员会之成立，如果得到日本方面的支持，我想中国方面也不会不同意。"②

　　松本重治接着表示："如果是这样的话，一定能够成功啊。我

① ［日］松本重治：《上海时代》，曹振威、沈中琦等译，上海书店出版社 2005 年版，第 596 页。

② ［日］松本重治：《上海时代》，曹振威、沈中琦等译，上海书店出版社 2005 年版，第 596 页。

马上去大使馆，同日高先生谈谈看。商量的结果，我将马上打电话告诉你。也许日高先生会说，请田柏烈和贾基诺神父一起来大使馆，直接听听他们两人的意见。因为日高参事官除英语之外，还擅长法语。"① 田伯烈非常高兴，与松本重治紧紧地握了握手才告别。

田伯烈走后，松本重治飞车赶赴大使馆，同日本驻华大使馆参事官日高信六郎商谈此事。日高认为这个设想很好，表示会尽力协助，并邀请田伯烈和饶家驹来大使馆会谈。翌日，日高听取了饶家驹和田伯烈所谈的详细计划，立即表示同意协助。他同负责南市事务的陆军特务部楠本大佐联系，得到其同意协助的承诺后，又同松井石根派遣军司令官与长谷川清司令直接会面，同样得到赞成。之后，日高同日本驻上海总领事冈本季正以及冈崎总领事协商，帮助实现这个方案。

在得到日本方面同意建立难民区的许可后，饶家驹又急忙与中国方面协商。事实上，此前饶家驹已试探过中国方面的态度，而且得到了赞同的回复。11 月 2 日，饶家驹正式向上海市市长俞鸿钧建议，在南市划一区域接纳难民。他认为，该区"不受任何形式之攻击、不设武装军队军事机关、亦不作武装的敌对活动之行为"②。11 月 3 日，饶家驹以"国际委员会"的名义给上海市

---

① ［日］松本重治：《上海时代》，曹振威、沈中琦等译，上海书店出版社 2005 年版，第 596 页。
② 《南市难民区实现 昨日开始收容 四周屋顶悬红十字旗 市警察武装维持治安 委员会发表声明》，《申报》1937 年 11 月 10 日。

饶家驹在外滩与他的同事们商议建立难民区的事宜
（资料来源：影像资料）

市长俞鸿钧写了一封信：

　　根据国际委员会的建议，关心非战斗人员的生命和安全，特别是妇女和儿童的生命和安全，中国当局被要求在南市区内划分一个区域，不受任何形式的军事活动的威胁。因此，按照国际惯例，中国平民的避难所将不受日本军队的攻击。

　　此处难民区，北部、西部和东部以民国路为界，南部以方浜路为界。此区域保留给中国平民，不受日本军队攻击。

　　南部应该只保留三个入口以供交通，因此方浜路应当用铁丝网设置路障，由中国警察守卫。警察不得携带步枪，只能携带左轮手枪，行使一般警察职责。没有携带任何形式武器的市民，应当被允许进入上述的区域。如果出现任何违反这一安排的行为，应当立即上报。这样的安排是临时的，但是直到目前上海的中日战争停止之前都是有效的。难民区将纯粹用于人道主义目的，不能以任何方式被解释为干涉中国政府主权。

国际委员会成员如下：

饶家驹神父

麦克那登将军

白蒲先生

G.芬德利·安德鲁

H.贝伦特

贾斯帕先生

W.H.普兰特先生

俞鸿钧

杨虎

1937 年 11 月 3 日，星期三

饶家驹①

---

① 南市难民监察委员会：*The Story of "The Jacquinot Zone"*，Shanghai, China，上海历史博物馆藏。

这封信刊于《饶家驹区的故事》英文版小册子中，标题是《饶家驹神父给上海市市长俞鸿钧的信》，但信的末尾却有上海市市长俞鸿钧及淞沪警备司令杨虎的签名。这是怎么回事呢？从信的内容来看，国际委员会要求中国当局在南市区内划分一个区域，不受任何形式的军事活动的威胁。此区域东西北三面以民国路为界，南面以方浜路为界，仅供中国的平民居住，不受日军攻击。方浜路设有带刺的铁丝网，由只能携带左轮手枪的中国警察守卫。从当时的资料来看，兵荒马乱中的上海市政府并没有建立难民区的整体考虑，因此难民区建立的目的、难民区的范围以及区域内应该遵守的一些原则性问题，都是由饶家驹提出的，俞鸿钧和杨虎分别作为中方政府和军方的代表签字确认，表示同意饶家驹的这些提议。

同一天，市长俞鸿钧慎重地给饶家驹回信：

上海国际委员会

先生们：

参照您的安排，在南市区划分特殊区域，让南市没有任何形式军事行动和军事设施，因而也不受日本军事攻击，为此我很荣幸今天能够和饶家驹神父一起确认进一步的安排：只要该协议有效，两个原有的军事设施决不会被使用。相关各方已知悉并认同，这两个军事设施的存在不会被视为违反该协议。

我很荣幸为先生们服务。

您忠诚的，

俞鸿钧

敬上①

11 月 5 日，俞鸿钧再次致信饶家驹，表示难民区内的警察也将接受国际委员会的随时调查，以确保各项安排得到遵守。②由此，饶家驹与中国政府方面的交涉成功。但是，得到中国方面的许可也并非易事，由下面的报道我们可以一窥，饶家驹与中国政府也经历了艰难的交涉，才最终得到中方的同意。

《申报》在 11 月 4 日报道准备建立中国红十字会国际委员会难民收容区的消息时，称："我军事当局早有保卫这一区域的决心和布置，在不得已时宁愿使其变成焦土，决不轻易放弃，致使南市居民沦陷于被奴役被屠杀的境地""现在友邦人士提出了难民收容区的主张，我们固然应该深深地感谢他们对于我被难同胞的同情，但是我们却也不能因此对南市的安全抱着多大的幻想。……敌人……恐怕对于中立国方面这次人道性质的提议，未必能够爽直地予以接受吧。即使敌人方面是接受了，这个提议的实施办法

---

① 南市难民监察委员会：*The Story of "The Jacquinot Zone"*，Shanghai, China，上海历史博物馆藏。

② 南市难民监察委员会：*The Story of "The Jacquinot Zone"*，Shanghai, China，上海历史博物馆藏。

是否不至于妨害我国在南市的政治主权，也还很有问题呢"①。

另有该报《琐评》指出："自中日发动战事以来，敌机到处投弹，我全国的领土，几无一而非被难区域。故充类至尽，非特南市当划为难民区域，即整个的上海，亦当划为难民区域；非特整个的上海，当划为难民区域，即整个的中国领土，亦当划为难民区域。否则南市亦犹是我国之领土耳，亦犹是我国之生命财产耳，而独划为难民区域，其意何居？"②

由此可见，虽然饶家驹出于救援更多难民的目的提议设立难民区，但中国方面仍是疑虑重重；饶家驹要向中国政府保证难民区的主权仍归中国政府，而在南市建立难民区比将南市变为焦土更为有利。11 月 5 日是一个重要的转折点，这一天的拂晓，日军第 10 军趁着大雾、大潮在金山卫登陆，战场局势急转直下，上海的守军陷入一片混乱。在这种情况下，上海已经无法坚守了。在上述因素的促使下，中方最终全盘接受饶家驹建立难民区的建议，放弃难民区内的军事设施，难民区的中国警察也接受国际委员会的调查。

在中国方面为难民区的建立做出让步后，11 月 5 日，日本驻上海总领事冈本季正致信饶家驹，也表示同意难民区的建立：

先生：

您用高尚的、有价值的努力来拯救上海平民，远离战争的

---

① 《南市难民区的建议》，《申报》1937 年 11 月 4 日。
② 《琐评》，《申报》1937 年 11 月 4 日。

悲惨影响。我想通知您，我已将您的意思传达给我们的军队和海军当局。您要求中国当局签署承诺，在上海南市区划分民国路以东、以西、以北，方浜路以南的区域专门为平民保留，在这个区域内不受任何军事行动和任何武装敌对行为的威胁。

　　国际红十字会难民委员会主席保证管辖权，确保在此区域内如果有任何违反规定的行为，将立即上报，特殊警察将守卫此区域。我很高兴地确认，日本军队和海军当局被您人道主义的考虑深深感动，已经同意不会攻击该区域，只要它仍然是一个专门为平民提供的区域，保证完全不受任何军事行动或武装敌对行动的威胁。

您忠诚的，

Suemasa Okamoto

总领事

敬上

　　在收到日本方面确认同意难民区建立的信函后，饶家驹立即给冈本季正回信，信中再次重申，自己已经知道日方要求自己的委员会向其保证此区域仍是专门为平民开放，完全不参与任何军事行动或武装敌对行动。[①] 随后，冈本季正又回函告知饶家驹日军的意见："战争不可避免地会在上封信件中提到的难民区的相

---

① 南市难民监察委员会：*The Story of "The Jacquinot Zone"*, Shanghai, China,
上海市历史博物馆藏。

邻区域爆发，难民区的部分区域或多或少会受到影响。日军计划将中国军队从邻近地区赶出，并且接管该区域。"同时冈本季正要求饶家驹将其前后写给他的两封信看作一个整体。① 饶家驹复信表示已经知悉上述消息，并会把今日的所有信件看作一个整体。②

至此，饶家驹与中日双方分别确立了建立难民区的地点、区域范围、中日及饶家驹三方所负担的责任和义务，南市难民区的建立倡议获得了中日双方的认可。值得注意的是，在与中方交涉时，饶家驹用的是"上海国际委员会"的名义；在与日方交涉时，日方称其为"国际红十字会难民委员会"主席，他也自称为"上海国际红十字难民问题委员会"主席。但当时饶家驹担任的是"上海国际红十字会难民救济委员会"的主席，虽然只有"问题"和"救济"两个字的差别，但意义就完全不一样了；而且，饶家驹将"国际红十字难民问题委员会"地址写为"圣伯多禄天主堂，吕班路"，而当时国际红十字会所设办事处地址在静安寺路（今南京西路）国际饭店及河南路的华洋义赈会，吕班路的圣伯多禄天主堂为饶家驹工作及居住的地方，由此可见，饶家驹在与日方交涉时，使用的是一个虚拟的机构身份。当时日本不可能不知道

---

① 南市难民监察委员会：*The Story of "The Jacquinot Zone"*, Shanghai, China, 上海市历史博物馆藏。

② 南市难民监察委员会：*The Story of "The Jacquinot Zone"*, Shanghai, China, 上海市历史博物馆藏。

国际红十字会的办事处不在吕班路，但并没有计较这些细节，也反映了日本方面对饶家驹的信任。上海社科院宗教研究所张化研究员认为，饶家驹之所以用"上海国际委员会"的名义，可能是出于疏忽，漏了"救济"一词；更可能担心该会或受斡旋失败的影响，以及斡旋结果的不可控，因而故意模糊协商的主体。[①] 笔者在查阅报刊时发现，中国方面在谈及此问题时，均称是"中国红十字会上海国际委员会"向我市当局请求划定区域收容难民，由此看来，笔者认为，"上海国际委员会"应为当时饶家驹对"中国红十字会上海国际委员会"的简写。

　　实际上，饶家驹以不同的身份在中日间斡旋也有不得已的苦衷。上海市政府曾于 11 月 5 日发表建立难民区的 4 项原则：一、不与日方洽商；二、此系国际间难民救济性质，绝非变相之租界，任何外邦不得干涉中国领土主权；三、外邦不得派兵驻扎，亦不需外邦武装保卫，至该区域之治安，则由我方警察负责；四、不订任何协定。凡不违反上述原则，我当局当予以考虑。[②] 这其中很重要的两点是中国方面不与日方商洽、不订任何协定。因此，要推动难民区的成立，饶家驹不得不自己出面，以"上海国际委员会"的名义及书信的方式得到中国政府对难民区的同意。在与

① 苏智良主编：《饶家驹与战时平民保护》，广西师范大学出版社 2015 年版，第 322 页。

② 《南市划设难民区　警权全归我主持　地点暂定广阔约三里许　不订协定　我方允予考虑》，《申报》1937 年 11 月 5 日。

日方交涉时，饶家驹使用了和与中方交涉时不同的主体名称，这就使得中日之间实际上没有订立任何有效的协定。中国政府委托饶家驹所代表的"上海国际委员会"建立难民区来保护中国难民，并保证区域内的军事设施不被使用；而日本方面则因为饶家驹所代表的"上海国际红十字会难民委员会"行使管辖权，担保区域内不会有任何违反规定的行为，而同意不会攻击难民区。由此，难民区的安全就有了中日双方的共同保证，这其中饶家驹的贡献最为巨大。他缜密的思考、高超的外交技巧和出色的语言能力是其成功的必要保证，同时他以救援难民为最终目的的高尚情怀，也使他得到中日双方的共同信任，最终成功地建立了难民区。

由于饶家驹所尽力保护的是中国难民，其得到中国政府的支持不难理解，但日本方面竟然也同意饶家驹建立一个难民区保护中国难民，其原因何在呢？后来担任日本大使馆参赞、日本驻沪总领事的日高信六郎在《远东国际军事法庭宣誓陈述书》中是这样描述的：

日本同意这个计划是出于以下的理由：（一）这个地区是纯粹的中国街道，而且贾基诺神父等所有委员都抱着公正无私的态度。（二）委员会一开始就表明，地区内的行政以及治安由日军全权管理，委员会不干预。只是在战斗时收容与保护中国的非战斗人员，战斗结束后，在一定时间内继续对他们进行保护。（三）与该地区相邻的法租界当局善意地协助委员会的工作，为了维持该地区的中立性，委员会同意战斗期间法租界保有一定的武装。（四）鉴于该地区的位置，即使附近发生战斗，也可以尊重该地的"安全"。在上海作战的最后阶段，战斗虽然波及到该地区的边缘，但日本军队的炮弹一发也没有落到该地区，逃到该地区的中国士兵，经委员会之手，全部解除武装，日本军队不进入该地区，相当平稳地渡过了战争阶段。①

由此可见，饶家驹及其委员会公正无私的态度、保护平民的职责、此块区域的完全中立及非军事化，使日军能够同意建立南市难民区。关于这个问题，张化研究员有着独到的见解，她认为日方主要权衡了以下利害关系，最终同意难民区的设立："第一，日军战局胜券在握，设立难民区不损害其战略意图；第二，日方不得不考虑饶家驹背后的两租界和外国政府的态度；第三，侵华战争已引起国际舆论的谴责，不愿以细故再成舆论焦点；第四，设立难民区符合日本政府在国际上树立人道主义形象的意图；第五，松井奉行的大亚细亚主义促成了南市难民区；第六，相信租界能保持中立，有能力暗中监督协议的执行。"②

---

① ［日］松本重治：《上海时代》，曹振威、沈中琦等译，上海书店出版社 2005 年版，第 597、598 页。
② 苏智良主编：《饶家驹与战时平民保护》，广西师范大学出版社 2015 年版，第 329—332 页。

　　自 11 月 5 日起，建立难民区的相关报道不断见诸报端，这些报道中有持赞扬态度的，也有持疑惧观点的。为此，饶家驹特意发表声明："该区为南市平民安全住所，并非中立区域。盖既非中立、亦非一区域也，且不能称为非军备地。至于筹商此举，确非为法人利益起见，亦非为保全南市中教会之产业。鄙人不知其地是否有教会之产业焉，此纯粹为非战斗员之安全区，因日本与中国双方为人道起见，皆愿保护非战斗人员，此举始克告成。鄙人深知此种办法乃属创见，且望如欧洲等处，亦能仿行，为益匪浅，谅不河汉余言焉。"① 饶家驹的声明，再次表明，他所作所为的目的只是为了救助难民，并表达了希望难民区可以在欧洲等世界各地得到推广的深切愿望和博大胸怀。

---

① 《国际红十字救济难民委员会促成南市安全区　饶神父阐明创议之意义　关系方面了解顾全人道》，《申报》1937 年 11 月 7 日。

南市上空飘起红十字旗帜

为了标识难民区的区域，避免日机的误炸，上海国际救济委员会在议定的南市难民区四周各路口及房屋顶端竖立旗帜，旗帜上有大红十字及国际救济委员会中英文名称。

南市难民区将要建立的消息传出后，沪南一带往别处迁移的居民大减，甚至有已经前往租界的居民返回南市居住。福佑路及九亩地一带的商铺也大多开门迎客，方浜路上的商店也有大半正常营业。①11 月 8 日，上海市政府发布布告：

> 案查迭据中国红十字会上海国际委员会建议，在本市沪南区南至方浜路、东西北至民国路之区域划为难民区，以为

---

① 《南市人心渐趋稳定　九亩地一带商市活泼　斜桥一带迁移仍拥挤》，《申报》1937 年 11 月 7 日；《南市难民收容区今日可望成立　仍由我警察保卫团维持治安　南市人心安定商店照常开业》，《申报》1937 年 11 月 8 日。

1937 年 11 月 9 日起，难民区内飘扬着红十字会会旗

（图片来源：*le Journal de Shanghai*，1937 年 11 月 21 日，第 3 版）

战区难民暂时寄托之所，并声明此系国际间一种难民救济性质，绝不损害我方丝毫领土主权。所有该区域内治安维持，仍由我方派警负责等语。本府以事关救济难民，为维护人道起见，业经呈奉中央核准照办在案，兹准于本月九日中午十二时起实行，除分别函令暨呈报外，合行布告周知。

此布

中华民国二十六年十一月八日

市长俞鸿钧①

布告发出后，南市难民区的各项筹备工作也在紧锣密鼓地进行。为了标识难民区的区域，避免日机的误炸，8日下午4时，上海国际救济委员会在议定的南市难民区四周各路口及房屋顶端竖立旗帜，旗帜上有大红十字及国际救济委员会中英文名称。方浜路还设有铁丝网，以保证难民区的安全。

1937年11月9日中午12点，南市难民区正式成立。

---

① 《南市划难民区　市府布告实行　纯系国际救济性质　绝不损害领土主权　今日中午起开始》，《申报》1937年11月9日。

第　三　章

难民区的
管理与运作

南市难民区南界为方浜路（今方浜中路），东、北、西三面为民国路（今人民路），尽管只有不到一平方公里的空间，但却是东方战火中的诺亚方舟，大量难民涌入了这个小小的安全区。这些逃难者缺衣少食，无依无靠，如何保证他们最基本的生活需求就是一个大问题。如此多的难民挤在这么小的一方区域，如何进行管理也是一大挑战。所幸饶家驹和众多工作人员一起，充分发挥了他们的聪明才智，维持了难民区的正常运转。许多中外慈善团体也纷纷献策献力，他们的辛勤努力也是难民区得以维持的一个重要条件。

监察委员会

　　这 25 万人的吃穿用度如何解决？相当于一个小城镇规模的人口如何维持治安？为解决这些问题，饶家驹主持成立了难民区监察委员会。委员会的成员来自 4 个国家。

　　由于经常处理难民工作，饶家驹对难民有着深切的同情。他看到，当时尽管租界已收留了 70 万人，但实际上仅有 10 万人在难民营中得到救助，大部分难民散居在租界各处。对于涌入租界内的难民来说，由于房东趁机抬高房租，只有极少数的难民能够租到房子，大部分难民流落街头，无衣无食。因此，即使在筹建南市难民区时遇到很多困难，但目标坚定的饶家驹不屈不挠，动用一切关系去疏通，难民区最终得以成功建立。饶家驹认为，自己所筹建的难民区可以为 25 万难民的生命安全提供保障。这样一来也就产生了许多问题，这 25 万人的吃穿用度如何解决？相当于一个小城镇规模的人口如何维持治安？

为解决这些问题，饶家驹主持成立了难民区监察委员会。委员会的成员来自4个国家，包括美商公会会长、公共租界工部局顾问普兰特（W.H.Plant），工部局和英商公会的麦克那登（E.B.Macnaghten）准将，芬德利·安德鲁（J. Findlay Andrew），法租界公董局董事查尔斯·巴尔敦（Charles Baboud），法租界公益慈善会会长谢士柏（A.S. Jaspar），还有中国工程学会前会长柏韵士少校（Hans Berents）；监委会主席为饶家驹，副主席是麦克那登，安德鲁是名誉司库。

上海南市难民区监察委员会的成员们，前排从左到右依次为：安德鲁、普兰特、饶家驹、麦克那登，后排从左到右依次为：谢士柏、柏韵士、巴尔敦

（图片来源：上海历史博物馆藏）

　　柏韵士，挪威人。早年就读于挪威卑尔根高等学校与德国德累斯顿大学，获理科硕士学位及土木工程师证书。1904 年来华，初任职于清政府。1916 年在上海创办柏韵士工程行，承办土木工程咨询设计业务。1920 年前后曾与康益洋行业主、丹麦人考立德合伙。又为挪威土木工程师学会、美国土木工程师学会及美国铁路工程师学会会员。①

　　麦克那登（1872—1948），英国人，生于印度。早年毕业于伍尔维奇皇家军事学院。1892 年入英军炮兵部队，1907 年获准将军衔，参加第一次世界大战期间在法国作战。1920 年退役来沪，任英美烟公司董事。1926 年至 1938 年间多次当选公共租界工部局董事，其中三次当选副总董，1930 年至 1931年当选总董。曾任旅沪英商总会会长②、颐中烟草股份有限公司董事、上海市委员会副主席、英国商会副主席，曾获英勇十字勋章。

　　查尔斯·巴尔敦（1886—?），法国人，生于法国安省。1912年前来沪。1930 年至 1945 年担任百部洋行经理，1935 年至1937 年兼任回力球场董事，1936 年至 1939 年被聘为公董局顾问，

<hr/>

① 　S.Ezekiel：Leaders of Commerce, Industry & Thought in China, Geo. T. Lloyd Press, 1924。苏智良、许洪新主编：《上海人名大辞典》（未刊稿），吴健熙撰。

② 　Men of Shanghai & North China, the University Press, 1935。苏智良、许洪新主编：《上海人名大辞典》（未刊稿），吴健熙撰。

1936 年前后进入法国商会。① 为法国市政委员会成员。

普兰特，美国人，为美国钢铁制品有限公司主管、纳税外人会成员、美国商会主席。

谢士柏，法国人，为法租界公董局公益慈善会董事，曾获法国荣誉军团骑士勋章。

芬德利·安德鲁，英国人，供职于太古洋行，曾获英帝国勋章。

我们至今还无法得知，这些人是饶家驹挑选的，还是他们自愿来承担难民区工作的。从他们履历和职位中，我们可以知道，他们多有军事或商业的背景，精明干练，有些担任租界要职。尽管他们身份背景各异，但他们都愿意为难民区里的难民服务。例如美商公会会长普兰特，虽为商界忙人，且兼任工部局议董，但仍不辞劳苦，终日辅佐饶家驹进行一切工作，令人动容。②

难民区正式成立的第二天即 11 月 10 日，委员会开会决定每天坚持派一名委员在办公处处理事务，以确保委员会所担保的各项条件的履行。③ 在南市发生战斗的那几天，饶家驹始终坚持留

---

① Guy Brossollet: Annuaire des Français de Shanghai（1842—1955）。《上海人名大辞典》（未刊），李君益撰。

② 《南市难民区内难民不虞饥饿　改良卫生稍缓即办　濮兰特协助饶神父》，《申报》1937 年 11 月 20 日。

③ 《南市难民处于悲惨之境　法租界铁门紧闭　隔别交通　数万难民鹄候两昼夜之久　啼饥号寒　凄绝尘寰　饶神父亲身尝苦况》，《申报》1937 年 11 月 12 日。

在南市。有一次日军与中国军队激烈交战时，饶家驹中了流弹，陪同其前往医院的捕房探捕竟遭日军击毙，只有饶家驹幸运地逃过一劫，子弹只击中其裤裆。饶家驹与发起难民区的另外 5 位外国人，坚持在南市梧桐路的天主堂主持难民区救济事务，并表示誓与难民区共存亡。① 在整个南市的战斗过程中，虽然有几发炮弹和炸弹落在难民区南部界线方浜路附近的地方，但幸好难民区内没有遭到破坏。12 日，日军认为，有数十名中国士兵在南市的仓库抵抗失利后换上百姓服装退入难民区，立即派兵进入难民区搜查。② 饶家驹和委员会成员一起与日军交涉，同时安排中国士兵避入法租界，事件才得以平息。14 日，饶家驹和委员会的成员们沿难民区巡视了一周。③ 除了要时刻保护难民的安全外，他们还面临着各种各样的困难，首要的便是食物和水。随着冬天的来临，难民们还需要御寒的衣物。

11 月 6 日，难民就已经迫不及待地进入未来的难民区，但还有数以万计的难民挤在民国路法租界的铁门处，他们抱着一线希望，等待铁门开放。11 日，日机轰炸南市南部，南市南部的居民

① 《南市难民区用水问题解决　水管接通　井水可资汲用　各界关怀灾黎　捐输踊跃　饶神父与法当局商妥递送给养手续》，《申报》1937 年 11 月 14 日。
② 内阁情报部：《外国无线局发信电报》1937 年 11 月 13 日，日本亚细亚历史资料中心藏。
③ 《饶神父商讨扩大难民区域　自来水昨日已接通　各界送往食物甚多》，《申报》1937 年 11 月 15 日。

纷纷向北迁移。法租界为维护治安起见，将大部分铁门关闭，只留老北门处的铁门允许难民进入租界，南阳桥处的铁门允许租界居民走出租界。这样一来，民国路上难民万头攒动。有的难民从家中仓皇逃出，在铁门那里等了两天两夜，水米未进，奄奄一息。法租界内一些热心的居民、慈善团体等纷纷购置面包、大饼、馒头等食物，从租界铁门抛下，给难民充饥。难民区的情况也不容乐观。由于此区域离南市战斗区域太近，不时有流弹进入，引起难民的恐慌。饶家驹鉴于难民处境危险，亲自去抚慰难民。由于通往法租界的铁门大部分关闭，各救济团体无法运送给养，饶家驹遂向法租界请求尽量开放铁门以便运送粮食，救济难民。

　　11 月 12 日早晨，饶家驹亲自押运面包等七大卡车食品送入难民区。①除此之外，国际救济会拟定每日上午 8 时半、下午 3 时分两批将食物运往难民区；"慈联会"难民救济会于 12 日夜晚定制大批食品，设法送达民国路供给难民；13 日又购买面包、光饼、馒头两三万个，送交国际救济会转送难民区；英商电车公司的司机们也特地发起募捐运动，购买食物送入难民区救济难民。②14 日，饶家驹与法租界当局商定，如有各界捐赠物品，一

---

① 《南市难民处于悲惨之境　法租界铁门紧闭　隔别交通　数万难民鹄候两昼夜之久　啼饥号寒　凄绝尘寰　饶神父亲身尝苦况》，《申报》1937 年 11 月 12 日；《饶神父婆心一片抚慰难民　表示决尽力谋难民安全　各慈善团体正设法营救》，《申报》1937 年 11 月 12 日。

② 《饶神父尽力维持难民给养秩序　组织纠察队维持秩序　每日分两次输送给养　难民多有病态　亟盼医疗》，《申报》1937 年 11 月 13 日。

上海老城梧桐路上的天主堂，饶家驹和他的同事们曾在这里主持救济事务，这里也曾是一处重要的难民收容所

（图片来源：陈斌 2014 年摄）

由于铁门关闭，大量难民拥挤在法租界铁门外。图中左下角仍可看到一部分铁门

（图片来源：上海历史博物馆藏）

律集中于国际救济会，每日分午前 10 时与午后 2 时两次输送，由法捕房派员通过华法交界处的法军防线，然后由饶家驹派员运入难民区。① 由于租界内的一些慈善团体和慈善人士将食物投掷到铁门外，一些男子和儿童在争到食物后，运至别处，以每个铜元 10 枚至 15 枚的价格将食物出售，以此牟利。而在租界门边的老弱病者，体力衰弱，抢不到食物，只好向这些人购买。此外，安全区内仍有一些难民已经饿得奄奄一息，却不知道铁门处有食物发送。因此，14 日之后，难民区监察委员会已不允许各慈善团体或个人将食物任意扔到铁门之外，其所送食物，必须先集中一处，然后送至安全区内分散。② 难民们每天上午 10 时及下午 2 时可以领到食物。

　　为保证食物长久供给，饶家驹呼吁热心人士尽量捐助不易腐坏的食物。11 月 20 日起，为便利散发难民食粮、节省工作时间，难民区内划分为 4 大区，第一区由北区救火会专门发放城隍庙内附近各难民收容所的食粮；第二区由得意楼红卍字会办事处专门发放附近 20 处收容所的食粮；第三区由旦华小学国际救济会办事处专门发放各相近收容所的食粮；第四区由益生堂药店专门发给零星住在住户内的难民及居民。除国际救济会负责的一处

---

① 《南市难民区用水问题解决　水管接通　井水可资汲用　各界关怀灾黎　捐输踊跃　饶神父与法当局商妥递送给养手续》，《申报》1937 年 11 月 14 日。

② 《饶神父商讨扩大难民区域　自来水昨日已接通　各界送往食物甚多》，《申报》1937 年 11 月 15 日。

外，其他三处负责人都必须向总办事处具领后然后分发到各收容所。①12月，难民区内分成9个区，每个区凭所发证章分发粮食，并办理平粜，米价定为每包16元，批给平粜处每包14元，2元为手续费。②1939年4月，难民区给养办法变为分区每日发给食米一次，每一难民可以分得由红锡包烟听装之食米一听，约重6两。③后来，难民区中的居民大部分已有职业，因此，难民区自1939年9月13日起，将发给南市居民之给养核减一半，为每日3两，确有不能维持生活者，将继续发放原来分量的给养。④1939年10月1日起，难民区里的居民停发口粮，对不能维持生活的4700名居民，另设3个收容所安置。⑤

在激战中，南市的自来水厂和电厂遭到日军破坏，难民区内面临着缺水缺电的危机。那时法租界一侧有一排消火栓，难民们不断地穿过马路到达他们唯一的水源供应地，常常因此造成纠纷。也有人将水装到油桶中带到难民区中出售，但是，一贫如洗

---

① 《南市难民分区散发粮食　区内居户六百家断炊　盼各界速再捐助食品》，《申报》1937年11月20日。

② 《中国红十字会国际委员会募捐队　沪战发生以来救济经费已达二百万　南市难民区日臻完善　饶神父实为最大助力　李规庸报告救济状况》，《申报》1937年12月2日。

③ 《饶神父从严彻究难民区舞弊案　目前区内尚有难民两万　按月经费给养足可维持》，《申报》1939年4月14日。

④ 《南市难民区着手调整难民给养　额定二万人已开始登记　饶神父无间风雨赴办公》，《申报》1939年9月26日。

⑤ 《南市难民给养调整竣事　居民四千余设三所收容》，《申报》1939年10月3日。

的难民根本没有钱来购买。饶家驹与法租界再三磋商后，法租界答应将水电供应延伸至难民区。难民区内还有数口水井，也可供难民用水。① 饶家驹还请日军签发派司(即通行证，英文"passport"的音译)，以便派人前往修理用水设施。② 由于日军在难民区以南的南市放火，南市的房屋又多为木结构，大火有蔓延至难民区的危险，因此此举不光解决了区内居民的饮水问题，而且还可以及时扑灭蔓延的火势。16 日，小东门附近发生大火，为避免大火波及方浜路难民区，饶家驹商请法租界救火会用加长皮带与租界自来水接通灌救，将大火扑灭。③ 新开河、老北门、方浜路3 处有从法租界接来的大号自来水龙头，④ 难民可用面盆、水瓶、水桶等，每日取水 2 次。⑤ 难民区内还建立起 24 处老虎灶，丹凤路、安仁街、障川路、侯家浜、晏海路、旧仓街、露香园路、青莲街每条路各设 3 个老虎灶，向难民供应热水。⑥

---

① 《南市难民区用水问题解决　水管接通　井水可资汲用　各界关怀灾黎　捐输踊跃　饶神父与法当局商妥递送给养手续》，《申报》1937 年 11 月 14 日。
② 《难民区由居民组商团维持　警察不得已撤退　饮料问题已解决》，《申报》1937 年 11 月 15 日。
③ 《各慈善团体视察南市难民区　各种设施相继实行　清洁运动克日举办　各团体代表联合慰劳饶神父》，《申报》1937 年 11 月 17 日。
④ 《各慈善团体视察南市难民区　各种设施相继实行　清洁运动克日举办　各团体代表联合慰劳饶神父》，《申报》1937 年 11 月 17 日。
⑤ 《饶神父商讨扩大难民区域　自来水昨日已接通　各界送往食物甚多》，《申报》1937 年 11 月 15 日。
⑥ 《南市难民区措施益臻完善　饭食茶水筹备妥当　棉衣棉被盼捐甚急　牛惠生夫人慨捐棉衣三万套》，《申报》1937 年 11 月 29 日。

难民区的警戒由南市警察局负责，警察佩带手枪和警棍，而非额外的步枪。根据商定的安排，难民区将由华界市政当局管辖，以使民众放心。但是，在南市战斗结束后，难民区内的中国警察遭到日军的射击。这批警察不得不于 13 日晚 9 时许从老北门及南阳桥等地退出，分乘 9 辆卡车，退入法租界霞飞路青年中学暂时居住。[①] 饶家驹一度商议由留居区内的商民自动组织商团，自任警卫之责。[②] 最终，难民区内白天由各教会的神父担任巡逻之责，夜间则商请法租界派中外警探会同区内殷实住户商号所组织的临时商团，共同担负警卫之责。因为难民区内一部分商号仍旧开业，故组织临时商团，公推商人沈心抚负责办理。[③] 在临时商团尚未筹备就绪时，有窃贼闯入难民区盗窃，饶家驹因而请求法租界警务处派大批法捕、俄捕、华捕、便衣前往难民区中缉捕，"据闻拘获不下七八十人。"[④] 饶家驹对这些人没有予以拘禁，而是将他们反绑双手，游行区内各街道以儆效尤，3 日后释放。在这 3 天内，这些人在饮食上依然得到很好的照顾。[⑤] 饶家驹在中国生活多年，深知脸面对中国人的重要性，因而采用这种特殊的惩罚方式，起到

---

① 《南市警察最后一批退出》，《申报》1937 年 11 月 15 日。

② 《难民区由居民组商团维持　警察不得已撤退　饮料问题已解决》，《申报》1937 年 11 月 15 日。

③ 《南市难民区秩序日渐安定　警卫已有办法　医院陆续成立　昨日收容白莲泾难民千人》，《申报》1937 年 11 月 19 日。

④ 《难民区拘获宵小　不下七八十人》，《申报》1937 年 11 月 19 日。

⑤ 《南市难民区内难民不虞饥饿　改良卫生稍缓即办　濮兰特协助饶神父》，《申报》1937 年 11 月 20 日。

日军轰炸吕班路（Avenue Dubail，今重庆南路）南市水厂，致使南市居民自来水供应中断

（图片来源：*le Journal de Shanghai*，1937 年 11 月 12 日，第 1 版）

南市难民区监察委员会办事处，饶家驹在图片中的楼内办公

（图片来源：[美] 阮玛霞：《饶家驹安全区——战时上海的难民》，白华山译，江苏人民出版社 2011 年版）

了不错的效果，难民区内的盗窃事件明显减少。

　　1937 年 11 月 15 日，委员会建立了难民区办事处，由饶家驹负责。① 办事处设在安仁街北区救火会，救火会建筑有 3 层，饶家驹的办公室设在 3 楼，2 楼及底楼为职员办公处、食品储存处。② 同日，安全区的控制权交到了日本军队手中，不过监察委员会继续负责有关难民的内部事务。他们在难民们中间挑选人员充作警察，警察仅佩带手枪和警棍，继续在这个区域维持秩序，日军每日两次巡视区域内的街道，在日军经过时，居民都避居不出，因而也没有意外发生。③ 但他们并不是正式在那里执勤，内部纪律还是委托给由在中立区居民中挑选出来的人所组成的机构来执行。日方并不能妥善照顾区内 25 万名难民，上海国际红十字会希望在一段时间内继续与日方合作，而饶家驹领导的监察委员会也准备继续进行下去，直到日方感到在没有帮助的情况下他们照样有能力处理安全区的事务为止。饶家驹还在办事处安装有电话，直通法捕房，随时可与法当局接洽。④

---

① 《二十万难民仍处水深火热中　老弱妇孺悲苦万状　根本救济不容再缓》，《申报》1937 年 11 月 16 日。

② 《各慈善团体视察南市难民区　各种设施相继实行　清洁运动克日举办　各团体代表联合慰劳饶神父》，《申报》1937 年 11 月 17 日。

③ 《饶神父商讨扩大难民区域　自来水昨日已接通　各界送往食物甚多》，《申报》1937 年 11 月 15 日。

④ 《南市难民区用水问题解决　水管接通　井水可资汲用　各界关怀灾黎　捐输踊跃　饶神父与法当局商妥递送给养手续》，《申报》1937 年 11 月 14 日。

　　16 日，"慈联会"、济生会、公教协进会、中华慈幼协会、青年会等慈善团体会同国际救济会代表前往南市难民区视察，并慰劳饶家驹等。各慈善团先代表该区域内的 20 多万难民向饶家驹致谢，饶家驹则谦逊不遑，并表示自己本着人道主义的立场，这些事是应该做的。而后，饶家驹向他们介绍难民区内的各项设施：一、区内卫生由中国济生会、红卍字会等各善团分区担任清洁事宜；二、食品给养由西人柏韵士负责主持，并由贾、步、傅、管等四位神父会同各善团帮助施放；三、区内治安由各神父会同救火员维持，并由法当局每晚派中西探员若干人，在区内巡逻，以防小窃；四、民国路一带难民，经劝导送入难民区内各收容所者，有 5000 余人，难民们不再在街头徘徊。在沪南区全体救火员的热心合作下，难民区内秩序井然，少数偷窃之徒也已经被肃清。区域内的大饼店、酱园、香烛店、成衣铺、皮匠、木匠等皆可安心工作。①

　　21 日，难民区监察委员会办事处推定职员，办事处主任为潘志杰，办事员有蒋志清、徐洪康、陆德绅和曹香深；潘守生、杨彦九、陆志谦、未庆衍、陆炳祥、蒋垂炳六人负责分发粮食；慈幼会陈铁生、赵健、许佐同负责管理难童；陆隆琦负责运输，冯仰山、张贤清、戚炳章、穆稼梁负责监察及清洁；病院及医药

---

① 《各慈善团体视察南市难民区　各种设施相继实行　清洁运动克日举办　各团体代表联合慰劳饶神父》，《申报》1937 年 11 月 17 日。

由中华医学会、中国红十字会负责。①

　　28 日，监察委员会为便利工作起见，将难民区划分为 9 个区，第一区为丹凤路东、福佑路南、民国路西、方浜路北；第二区为安仁街东、民国路南、丹凤路西、梧桐街北；第三区为障川路（今丽水路）旧校场路东、民国路南、安仁街西、方浜路北；第四区为潘家街侯家浜（今侯家路）东、民国路南、漳川路旧校场路西、方浜路北；第五区为晏海路东、民国路南、侯家浜西、方浜路北；第六区为狮子街旧仓街东、民国路南、晏海路（今河南南路）西、方浜路北；第七区为露香园街东、民国路南、狮子街西、方浜路北；第八区为青莲街以东、民国路以南、露香园街西、方浜路北；第九区为民国路东南、青莲街西、方浜路北。这 9 个区每区由办事处派区长 1 人，区域内从住户与难民中挑选若干人，负责管理区内清洁给养等事宜。②

　　29 日，难民区公布办事处重要职员及各区区长名单，总办事处主席为潘志杰，副主任为蒋志清；盛少鸣负责难民组，江钊武负责居民组，戴昌龄负责警卫组，金庆霖负责卫生组，徐洪康负责给养组。各区区长分别为：第一区长江钊武、第二区区长盛少鸣、第三区区长薛丽生、第四区区长戴昌龄、第五区区长蒋志

---

① 《南市难民区组织渐具体化　食粮又感缺乏　医药需要切迫　饶神父对难民区之见解》，《申报》1937 年 11 月 21 日。

② 《南市难民区改善后划分九区推进工作　每区设一区长由办事处派定　挑选住户难民担任各项工作　天气严寒难民仍缺衣被》，《申报》1937 年 11 月 28 日。

饶家驹与英国驻华陆军
总指挥史沫特莱在难民
区办事处，商议保护难
民的事情
（图片来源：上海市档案
馆藏）

南市难民区各区分布示意图
　　（图片来源：彭代琨、王海鸥、吕园园制，指导教师苏智良、吴俊范）

清、第六区区长金庆霖、第七区区长任希彭、第八区区长金庆霖、第九区区长金文修。各区长之下，分设总务、文书、训导、设计、给养、庶务、卫生、消洁、登记、调查、医务等各股，分别处理各项工作。① 为使居民和难民易于区分，方便管理，区内原有居民佩戴红色符号，难民则佩白色符号，难民无事不得外出。②

　　尽管大部分时间里难民区都是平静的，但偶尔也会遭遇到危机。1937 年 12 月 11 日下午 2 时 30 分左右，日军突然宣布戒严，在难民区四周设警戒线，并挨户搜查。事情的起因是日军有一名哨兵在难民区某地点被人开枪射击，日军怀疑开枪的人藏在难民区，并强行入内搜查，日军拘捕了 3 名教员。这一事情发生后，饶家驹向日军担保，难民区内各处不会再有任何日军士兵遭到枪击。12 日清晨，日军才从难民区撤退。经历了这一危机后，饶家驹果断发表声明称，难民区监察委员会仍将管理此区域，并没有日军当局接管的问题，日当局仍将遵守难民区成立时的协议。③1940 年 3 月，日本为了统制米粮，于 3 月 17 日难民区食粮输入证期满时不再发给难民区食粮输入证，并强制难民区接受米粮统制。难民区委员会以已与租界行商订有米粮供给合同为由

① 《南市难民区措施益臻完善　饭食茶水筹备妥当　棉衣棉被盼捐甚急　牛惠生夫人慨捐棉衣三万套》，《申报》1937 年 11 月 29 日。
② 《难民区设施一斑》，《申报》1937 年 12 月 7 日。
③ 《日军在难民区继续搜捕　饶神父声称仍管理该区》，《申报》1937 年 12 月 14 日。

而加以拒绝，日方认为这是对抗的立场，而将难民区加以封锁，禁止粮食输入。面对食物危机，难民区委员会请求法租界当局向日方严正交涉，法租界当局表示，如果不将米粮放行，法租界与南市间的铁门将关闭。日方繁荣南市心切，不得不表示退让，为难民区重新颁发食粮输入证，难民区的粮食危机宣告解除。①

在难民区里有兢兢业业的工作人员，也偶有贪赃枉法、徇私舞弊之徒。九亩地福顺善堂任希彭担任第七区区长后，假借善堂名义，自立捐册，向各界募捐，募得款物大部分归入私囊，并克扣难民粮食，私吞难民寒衣，被多名难民具名控诉至南市日军宪兵司令部处。经日军会同国际难民救济会去堂内搜查，当场搜出领到未发的寒衣千余件、粮食数十石。任林森当即被拘捕。事发后，饶家驹将其撤职，其在任的第七区被取消，所有该区内各收容所的难民，都被归并至其他区收容。②大境路福顺收容所所长、南市自治会委员任希彭，依仗宣抚班某日本人的权势，克扣难民粮食，奸淫妇女，还将难妇供日本兵蹂躏。其子任小彭（绰号小须赤练蛇）也无恶不作，将居民红木做成的精美家具，盗运出难民区后贩卖，获利达数万金之多。任氏父子还假名设立福顺善会、借办理南市死尸为名，将丧家上中等之棺木占为己有，于夜

---

① 《日方统制食粮实施封锁　难民区断粮四日　二万哀黎被驱饥饿线上　经法当局交涉始获解决》，《申报》1940 年 3 月 29 日。

② 《南市福顺堂收容所　主任募款舞弊　并克扣食米及寒衣　任林森已撤职查办》，《申报》1939 年 2 月 2 日。

间将尸倒出，易以四块松板，并将尸体上的殓衣剥去，前后作案一百余件，被害者迭诉无效。最后经潮州会馆、四明公所、永锡堂、徽州会馆、京江公所等协同丧家联合控告于国际救济会，饶家驹调查属实后，通知日宪兵将任氏父子先后拘捕。①

难民区内还曾发生一件职员舞弊案。1938 年，督察专员王子卿具文呈报（收文第四号），称近来运进难民区的米粮每包重量不足，应予彻查法办。时任难民区监察委员会办事处秘书的吴彦修利用代拆代行的权力，将此文件私自隐匿，并作为证据，要挟运输、给养两组与其共同舞弊。后办事处主任顾纶发现给养组长舞弊后，立即派总务组长江淦泉、督察专员沈定国、区长李克远等调查此事，调查属实后，将给养组长撤职。在办理移交手续之际，吴彦修因与之有勾结关系，公然为其庇护掩饰，继而纠集纠察组长孙照北，率领恶徒殴打办事处职员，破坏难民区秩序。饶家驹查明事实后，将吴彦修、孙照北等一并撤职，以儆刁顽，并向报界公开此事。② 但吴彦修不但不知悔改，反而颠倒事实，在报纸上称饶家驹之前所刊消息并非饶家驹本意，饶家驹不懂汉语，听任办事处主任顾纶颠倒是非，在调查中未传问自己，湮灭证据无根据可查。为此，南市难民区监察委员会也在报上刊文，

① 《父子狼狈作恶　翻尸窃棺惨案百余　调查属实要求斩决》，《申报》1939年 2 月 17 日。

② 《南市难民区监察委员会常务委员饶神父紧要启事》，《申报》1939 年 4 月 13 日；《南市难民区监察委员会总办事处紧要启事》，《申报》1939 年 4 月 14 日。

严正驳斥吴彦修的不实之词，称饶家驹还亲自写信请法警务当局最高人员对该吴彦修予以严惩；饶家驹神父精通各国语言，对汉语尤为娴熟，办事处主任岂敢颠倒事实假借名义；饶家驹亲自向各有关方面查询，证据确凿后才将吴彦修撤职。[①] 由此可见，难民区的管理是一项繁杂庞大的工程，作为难民区的管理者，饶家驹及监察委员会办事处职员要处理各种事务。难民区各项工作的顺利开展，也多亏了这些人辛勤的付出。尽管其中也有一些贪污舞弊之徒，但瑕不掩瑜，难民区监察委员会及办事处的工作还是卓有成效的。

---

① 《南市难民区监察委员会总办事处为辩斥被撤职职员荒谬启事之启事》，《申报》1939 年 4 月 19 日。

众人拾柴火焰高

在难民区，卫生工作，由中国济生会、中国红十字会担任；医药治疗，由中国红十字会及中华医学会主持办理；掩埋尸体，由普善山庄负责；难童收养由中华慈幼协会办理；区内秩序，由上海国际红十字会派外籍警士维持，还设草绳工场和板刷作坊等进行生产自救。维持难民区的经费主要靠捐助，这些款项直接汇给上海国际红十字会，由红十字会调拨使用。

难民区的人口相当于一个小城市，对于它的管理光靠难民区监察委员会及办事处是远远不够的。实际上，有众多的慈善团体参与了难民区的工作，正是由于这些团体的通力合作，难民区的各项事务才得以顺利展开。如卫生工作，由中国济生会、中国红十字会担任；医药治疗，由中国红十字会及中华医学会主持办理；掩埋尸体，由普善山庄负责；难童收养由中华慈幼协会办理；区内秩序，由上海国际红十字会派外籍警士维持，还设草绳工场和板刷作坊等进行生产自救。维持难民区的经费主要靠捐助，这些款项直接汇给上海国际红十字会，由红十字会调拨使用。①

1. 红十字会

11 月 9 日难民区成立当天，上海市市长俞鸿钧为中国红十字会上海国际委员会签发了出入难民区的通行证：

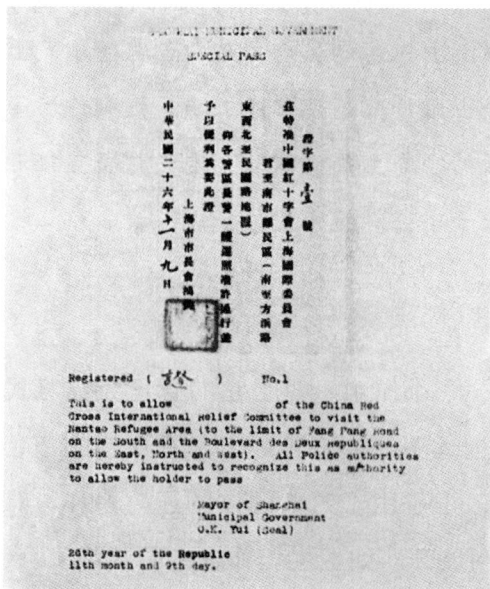

出入难民区的通行证。难民区成立当天，上海市市长俞鸿钧为中国红十字会上海国际委员会签发的第 1 号出入难民区的通行证

（图片来源：上海历史博物馆藏）

---

① 马强、池子华等：《红十字在上海（1904—1949）》，东方出版中心 2014 年版，第 295 页。

同日，日本大使馆武官原田熊吉也向国际红十字难民救济委员会的成员普兰特颁发了同意"支那避难民收容所"南界敷设铁丝网的证书：

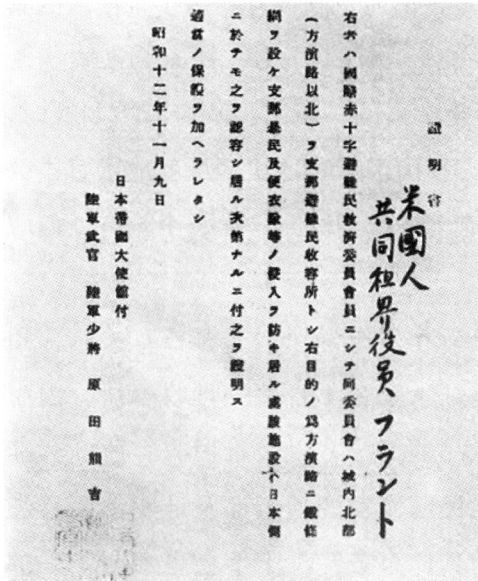

同意"支那避难民收容所"南界敷设铁丝网的证书。难民区成立当天，日本大使馆向国际红十字难民救济委员会成员颁发的同意"支那避难民收容所"南界敷设铁丝网的证书

（图片来源：上海历史博物馆藏）

日文版的通行证写着：国际红十字会难民委员会在本市北部（方浜路以北）设立"支那避难民收容所"，为此他们将在方浜路构建铁丝网，阻拦中国暴徒和轻型武装等入侵。这一设施已获得日本当局的允许，这些人会被给予适当的保护。

这其中有个值得玩味的问题，在这两份由中日当局分别签发的通行证及证书中，中方称这一区域为"南市难民区"，日方称之为"支那避难民收容所"，其所蕴含的意义是不同的。"南市难民区"意在强调其为一个为难民设置的区域，其主权还是属于中国的；而"避难民收容所"只是一个收容难民的地方，其归属自然属于其所在的更大的区域，在日军占领上海后，自然要属于日本控制。饶家驹对此非常清楚，因而也并没有纠缠于难民区的具体名字。在日军已经占领上海后，迫于压力，饶家驹在一次晚宴上强调，难民区从来都不是中立的，当中国政府有控制权时，这块区域属于中国；当日军占领南市后，这块区域就成了日本的了。① 因此，这个难民区还有"饶家驹区"这样一个没有任何政治色彩的名字。

难民区内具体的管理与给养工作得到了上海各有关慈善团体协同参与。由于上海国际红十字会不直接办理收容所，因而救济方式主要侧重于赈款赈品的筹措，以及难民收容所的标准制定与监督。中日两方为难民区颁发的通行证及证明都是给红十字会的。对于难民区内的具体事务，红十字会也参与了一部分。如红十字会救济队鉴于南市民国路一带难民麕集、饥寒交迫，该队队长率领队员日夜在场照料难民，并按日给难民散发馒头。红十字会救济队还在福佑路、民国路觅得空屋十余间，安置了若干难民；又救护伤民 14 人，送往该会第四医院收治。救济队还代替各团体各商店住户，奔赴万竹小学、城隍庙及各

① Oxford and Cambridge Society's Annual Dinner, The North-China Herald and Supreme Court & Consular Gazette（1870–1941），Apr.6, 1938.

城隍庙的大殿里也栖息着数百名难民。西方报纸报道，城隍神真正担当了子民保护神的角色

（图片来源：上海市档案馆）

街内，散发饼馍数十万只，并于各处增设茶桶，以减轻难民的痛苦。①

　　自难民区成立后，中国红十字会上海市分会就派杨彦九前往难民区，与饶家驹接洽合作办法。饶家驹指定在旦华小学原址，由其负责创立一个难民收容所，以便安插露宿民国路一带的难胞。该会接受之后，即全体动员，在蒋茂镰监事领导下，经过三天三夜的埋头苦干，将旦华收容所整理就绪。到 12 月 7 日，旦华收容所共收容难民 700 余名。蒋茂镰、杨彦九负责维持收容所的给养及内部各项管理工作。在难民区内，各收容所一般按人数领取粮食，所领给养遇有不足时，该会就自己尽力募集补充。12 月 2 日，难民区开始实行按名给米之后，收容所又因燃料、锅炉、碗筷不足，发生困难。红十字会上海分会设法购备这些材料，以保证难民的吃饭问题。对于尚在哺乳期的幼童，也发给乳糕，以补母乳之不足。②12 月 10 日，旦华小学收容所内又举办了难童教育班，在旦华内另辟教室，首批上课的难童有百余名，教本采用商务印书馆等出版的教科书。③

　　1937 年 11 月 16 日，国际救济会在城隍庙内设立了难民区

---

① 《南市难民区用水问题解决　水管接通　井水可资汲用　各界关怀灾黎　捐输踊跃　饶神父与法当局商妥递送给养手续》，《申报》1937 年 11 月 14 日。

② 《中国红会沪分会救护工作概况》，《申报》1937 年 12 月 7 日。

③ 《难民区收容难民十五万余　防盗木栅开始动工　难童教育班已上课》，《申报》1937 年 12 月 10 日。

里的第一个临时医院，由中国红十字会派员担任诊治。[1]12月，天气转寒，难民受饥寒所迫，加上南方人不习惯面食，以致疾病丛生、死亡相继。而红十字会职员中很多为中医专家，因此向理监事联席会议提议设立施诊给药处。而后，该会择定晏海路270号郁宅为施诊处所，12月1日开诊，每日以200号为限，难民一律免费。施诊处由沈志明、潘宇生、朱履云、陶一青、周济衡、张怀霖、童勤德、顾伯荣诸医士轮流应诊，范书玉、右纯农助诊，每天接待生病的难民百名左右。[2]

12月8日，中国红十字会上海国际委员会鉴于战火不断蔓延，难民伤兵不断增加，救济收容不断扩大，因而成立战区救济委办会。由于难民区中收容的难民以近郊为主，长期为这些难民提供给养无法实现，难民本身也不想长久地待在难民收容所里无所事事，因而委员会的外籍人士组织视察团，前往江湾、浦东、吴淞、浏河、南翔、昆山、大场、太仓、松江、嘉定、苏州、无锡等处，调查当地情况，以便相继遣送。[3]

2.上海国际救济会

国际救济会成立于1937年8月13日，是由上海华洋义赈

[1]　《南市难民区仍由救济会负责主持　目前地位并无变动》，《申报》1937年11月18日。

[2]　《中国红会沪分会救护工作概况》，《申报》1937年12月7日。

[3]　《红会国际委会组战区救济委办会　调查近郊状况　设法遣送耕种　电美王大使　请转知侨民协助》，《申报》1937年12月10日。

会、上海慈善团体联合救灾会、上海青年会、中国红十字总会、中国济生会、中国佛教会、中华佛教进行会、世界红卍字会等慈善团体联合设立的以救济灾民为主旨的团体。早在难民区正式成立之前，上海国际救济会就参与难民区的各项工作，11 月 8 日，上海国际救济会派员在难民区四周及房屋顶上插上旗帜，以资识别，避免日机轰炸。次日下午，上海国际救济会在方浜路与该路衔接之各路口构筑防御工事。下午 2 时，国际救济会中西委员屈文六、饶家驹、柏韵士等十余人，由国民党市党部民运科、非常时期救济委员会分会（市救济分会）总干事毛云陪同，在区内巡视一周，咸称满意。① 难民区成立之初，区域内整个收容及联络事宜，亟待统筹办理，因而由国际救济会出面，邀请各慈善

上海国际救济会成员的袖章
　（图片来源：中国共产党一大会址纪念馆藏）

---

① 　罗义俊：《南市难民区述略》，《上海师范大学学报》1990 年第 2 期，第 72 页。

团体在青年会开会，商讨各会间的联络事宜及如何进行收容事宜。① 国际救济会还在福佑路纸业公所设立登记处，负责编遣收容难民。

　　难民区成立后，社会各界热心人士捐送的物资，大多放在爱多亚路吕宋路口（今延安东路连云路）上海国际救济会第三收容所；捐助的现款则送往八仙桥青年会（今西藏南路 123 号）3 楼318 号办事处。② 国际救济会每日分两次将救济难民的物资送往南市难民区。国际救济会专门负责发放临近地区收容所的粮食，由于其本身负责运送难民物资，因此国际救济会可以直接发放粮食，而不需要去难民区监察委员会下设的办事处领粮食。国际救济会还要维持难民区内一部分贫困住户的给养，由于难民区内已经没有出售大米和面粉的地方，因而国际救济会出面向这些贫困住户发放布条符号，凭借布条上所列的人口数在方浜路安仁街口的益生堂药材店领米。③ 不久，国际救济会又在福佑路纸业公会、九亩地尚志小学等地设立给粮处，没有粮食的住户每人每日可凭给粮证向该处领取面包、光饼各 2 枚。④1937 年 12 月 1 日，国

① 《难民区实行后集议整理办法　国际救济会昨函各团体　今日假青年会共同讨论》，《申报》1937 年 11 月 11 日。
② 《国际救济会收受给养品处　爱多亚路吕宋路该会第三收容所》，《申报》1937 年 11 月 16 日。
③ 《难民区贫民住户救济　每日发给布条符号　冻馁死者比比皆是》，《申报》1937 年 11 月 24 日。
④ 《难民区内两万断炊　国际救济会发干粮救急　中国红会设医所治病民》，《申报》1937 年 11 月 25 日。

际救济会召开区长会议，决定从 12 月 2 日给难民改发食米，难民区分为 9 区，每区设米店 3 家，以满足区内民众的需要。[①] 在南市与租界交通完全断绝时，救济会曾以数十辆货车，装载馒头及光饼等约 2551800 枚，送到难民区分发，其价值相当于法币 44441 元。[②]

由于难民区内患病的难民很多，且污物遍地、人口拥挤，若不清除则影响难民健康，且难以为继，因此饶家驹特地通知国际救济会从速设法清除。国际救济会接到通知后，会同慈善团体救火会、华洋义赈会、中华慈幼协会、中国济生会、红十字会、公教进行会等慈善团体，实施大规模清洁运动，派人携带大批扫除器具，由国际救济会领入难民区内，分定区域，与小工及难民一起进行大扫除。[③] 国际救济会还在城隍庙设立了一所临时医院，由红十字会派医生施诊；在南市流通图书馆内设立临时产科医院，由天主教堂负责办理。[④]

国际救济会的经费来源最初为其团体会员和个人会员的捐助，由于救济范围不断扩大，经费日渐紧张，因此国际救济会发起了每日一角捐款运动，希望热心人士每日节省一角，每月即得

① 《南市难民区设米店》，《申报》1937 年 12 月 2 日。
② 《上海国际救济会年报，1937—1938》，第 42 页。
③ 《南市难民区仍由救济会负责主持　目前地位并无变动　流浪难民昨已安置　国府捐助救济费五万元》，《申报》1937 年 11 月 18 日。
④ 《南市难民区秩序日渐安定　警卫已有办法　医院陆续成立　昨日收容白莲泾难民千人》，《申报》1937 年 11 月 19 日。

三元，这三元即可救活难民一人。自推行以来，一角捐款活动获得了社会各界人士的大力支持，每日到会认捐此项捐款者，有数十人，效果显著。① 到 1938 年 5 月，国际救济会共资助难民区法币一万元。②

国际救济会还积极帮助难民区的商店重新开业。随着局势的逐渐平缓，原迁入租界内的商户也逐渐返回南市，筹谋复业。但难民区与租界铁门相隔，到租界调剂货物多有不便，因而难民区商联会请求国际救济会予以协助。国际救济会因而决定先帮助恢复难民区内与难民生活息息相关的日用品商店。③

国际救济会对南市难民区的安全设备十分关注，拟在区内建造木栅以防窃盗。除方浜路一带因毗连警戒区域，早有铁丝网，无须装置外，丹凤路、安仁街、旧校场路、侯家浜、晏海路、旧仓街、露香园路、青莲街等各重要街口均要安装，这样难民区益臻安全。④

南市关帝庙、接引庵、三昧庵、大佛庵、紫竹庵等佛寺先后被焚毁，留居其内的僧侣无地安身，给养困难，均纷纷向外逃

① 《中国红十字会国际委员会募捐队　沪战发生以来救济经费已达二百万　南市难民区日臻完善　饶神父实为最大助力　李规庸报告救济状况》，《申报》1937 年 12 月 2 日。
② 《上海国际救济会年报，1937—1938》，第 47 页。
③ 《国际救济会协助难民区商店复业　决将先恢复日用品商店　街头难民减少　情况安定》，《申报》1937 年 12 月 9 日。
④ 《难民区收容难民十五万余　防盗木栅开始动工　难童教育班已上课》，《申报》1937 年 12 月 10 日。

避。其中有 100 余名逃入南市难民区中的青道禅院暂住，由于缺乏食物，遂向国际救济会呼吁请求救济。国际救济会接到请求后，当即派员前往青道禅院分发食粮，以资拯救。[1]

1940 年 4 月，国际救济会以上海难民大为减少，救济工作已告一段落，决定在月底结束救济工作，但国际救济会的名义依旧保留。[2]

3. 红卍字会

南市难民区正式开放后，法租界外滩至江海关一带渡船密集，均载满大批难民。待居民上岸后，各慈善团体派卡车将难民接送至南市难民区中安置，这其中就有红卍字会。由于浦东一带难民拥挤，无法西渡，红卍字会还派人渡过江面，往返运送难民至安全地带。[3]

南市难民区正式开放的第 2 天，红卍字会在得到华法交界处数十万人风餐露宿、惨痛万状的消息后，立即派救济队前往照料，协助国际救济会按日将粮食运往难民区。除发给难民干粮外，还设置多架茶桶，供给难民饮料。难民们得此饮料，一致赞

---

① 《南市寺庙焚毁　僧侣藏身无地　逃入难民区内　由国际会救济》，《申报》1937 年 12 月 11 日。

② 《国际救济会完成任务　月内办结束　仍保留名义》，《申报》1940 年 4 月 16 日。

③ 《浦东难民昨日继续渡江　外滩一带渡船麇集　外舰派艇巡弋保护》，《申报》1937 年 11 月 10 日。

扬红卍字会功德无量。红卍字会还在得意楼设立救济队临时办事处，由薛丽生任主任，派人分头工作。救济队队长胡中桑率领全队人员，每天上午和下午乘该会卡车，为难民区输运面包、衣服、棉被、棺木、中西药品等，专门救济难民区中的难民。

红卍字会救济队每日运送粮食，交由国际救济会办事处支配分发。难民区开办不到一个月，由红卍字会捐助的面包、馒头已达 335000 余枚；由各界捐助代运的有 122400 余枚又 46 卡车零 1800 斤。红卍字会还向难民施送棉衣棉被，并分发饭菜、煤、药品等，以资救济。[①] 由于难民太多，国际救济会设立的难民登记处前排起了长队，一些难民转而向红卍字会办事处请求登记，红卍字会也专门派人负责为难民登记。

难民区刚成立时，由于难民人数太多，安插欠周，有些难民不得不露宿街头。接连几日的大雨让这些露宿街头的难民叫苦连天。红卍字会的办事员们在划定的难民区内，尽量寻找空房，无论庙宇、班房还是民间私产，看到有空屋就立即让难民住进去。办事员们查到障川巷万源永珠宝店内有空屋 3 间，障川路老街书业公所、城隍庙大殿东廊二班公所、皂隶班房、东园茶社、玉清宫、东辕门外大生巷济生会、豫园素香斋素菜馆、土布业公所等各有 1 间空屋，因而将露宿街头的难民冒雨迁入空屋居住，大大减轻了难民的痛苦。

---

① 《红卍字会难民区救济工作　设中西医施诊所产妇收容所　各界捐助物品数量亦极可观》，《申报》1937 年 12 月 4 日。

　　起初，难民区内的食粮由各个慈善团体和一些慈善人士运进难民区。但是，由于各慈善团体间缺乏协调，难民们获得的口粮多寡并不一致。难民的道德水平也良莠不齐，有些难民获得的口粮比较多，甚至私藏起来再卖掉，以借此敛财；有些难民故意装腔作势，以求多获得一些口粮。红卐字会在难民区的办事处建立后，立即派办事员调查各收容所是否有一定的慈善团体或个人接济，如果已有慈善团体或个人接济，红卐字会不再为此收容所输送粮食；如果没有人接济，则由办事员按收容所内的人数，每日上午 8 时和下午 4 时分发粮食，以吃饱为度。如果有收容所一时无人接济，也可随时报告，由办事处发给粮食。没有进入收容所的街头难民流动性大，有些难民在此处领完口粮又去别处领，而有的难民因不知道在哪里领取口粮而饿着肚子。为杜绝此种弊病，红卐字会在为这些难民发粮之前，先派办事员将各街头的难民聚集到九曲桥上，靠栏杆站成两排。发粮食时以单排为准，挨个发放，既一无所漏，又无重复冒领之弊。①

　　鉴于难民所内难民人满为患，疾病丛生，死亡相继，红卐字会派来两位医师，随时分莅各所应诊，并为难民发放开水盐汤。一段时间后，救济队在城隍庙素香斋设立中西医临时施诊所，推该队督队长胡中来为所长，陶山咸为事务主任，请中医章次公、丁朝宗、刘交浦、张挹山、韩文普，西医胡嘉言、蒋益生、沈在

────────────

① 《世界红卐字会南市临时难民所办事处报告书》，上海档案馆藏，档案号 Q120-4-186。

中及护士等十余人担任义务治疗。每日上午 9 时至 11 时为门诊时间，并施送中西药品。施诊所有病床 120 张以上，规模不小；中药在界内购配，西药则由该会购办存所应用。由于难民区内产妇众多，遂又将逍遥楼收容所改造为产妇收容专所，产妇临盆所需的器具一应俱全，并雇定产妇主任 1 人，产婆 2 人，侍役 1 人。产妇收容所开办 6 天内收容产妇 8 名，不久就有 3 人生育，均产男孩。红卍字会总会还专门送来一袋大米，以供产妇煮粥之用。

难民区刚成立时因难民人数众多且卫生意识不强，随处排

世界红卍字会上海南市难民区中西医临时施诊所的全体职员医师合影

（图片来源：景智宇提供）

泄，造成难民区内污秽不堪。红卍字会救济队办事处遂雇用伙夫50余人，逐日按时洒扫，每日用垃圾车将垃圾运出，并在邑庙内利用空地设置公共厕所，购置便桶，难民区内的卫生状况大为改观。红卍字会总会还为难民区送去3只垃圾桶，分别放置在小世界门前、九曲桥北口和城隍庙大殿，并派夫役告诉难民不要把垃圾扔在桶外面。在难民区停止供电后，天黑后大街小巷昏黑难行，难民行走不便，还有一些宵小之辈趁机偷窃，因此红卍字会购买了多盏桅灯，分挂在各收容所外及全区街巷，大大方便了难民的生活。当时《申报》刊文赞叹："尤以红卍字会主持下之城隍庙一带，街道清洁、秩序井然，令人有不知此为难民区之感想。"①

难民区内的难民因天气寒冷、饮食不周，患病者极多，而区内医药缺乏，故常有死亡，红卍字会在区内设置太平间，将死亡难民的尸体收容在内。病亡难民每日约有9名，由红卍字会办理棺殓。难民区成立1个月内，红卍字会收容难民尸体三百多具，捐献棺材224只。② 这些尸体大多存放在城隍庙后豫园环龙桥附近，由普善山庄运走埋葬。

红卍字会还特别注意难民区的防务工作。难民区办事处成立

---

① 《难民区设施一斑》，《申报》1937年12月7日。

② 《南市难民区组织渐具体化　食粮又感缺乏　医药需要切迫　饶神父对难民区之见解》，《申报》1937年11月21日；《红卍字会难民区救济工作　设中西医施诊所产妇收容所　各界捐助物品数量亦极可观》，《申报》1937年12月4日。

后，鉴于难民时有高声喧哗打扰他人或黑夜发生疾病以及火烛不慎等现象，办事处每晚派办事专员及少数夫役按各收容所及各街道巡查一到两次。若遇到没有棉被御寒的则给予棉被，确保难民的平安。由于红卍字会留下了详细的文字资料，我们今天还可以看到当时为难民服务的这些工作人员的名字：

表3-1　红卍字会难民区办事人员名册①

主任	薛丽生
文书	闵初醒
会计	吕剑鸣
庶务	薛天锡
管仓	魏慰萱
管理收容安插	蔡维贤、张久吉
散粮	李兴隆、陈玉林、吴泉玉、袁九香、叶良庆、叶承道、耿福林、褚通海
管理清洁事务	赵卜臣、华德昌

注：以上主任以下办事员16人，除主任完全义务外，其余办事员均酌给伙食。

表3-2　值所主持清洁等杂务的夫役名单②

派值四美轩	平金生
派值柴行厅	王彩生
派值逍遥楼	顾关南
派值土黄酒业公所	张长生

---

① 资料来源：《世界红卍字会南市临时难民所办事处报告书》，上海档案馆藏，档案号：Q120-4-186。
② 资料来源：《世界红卍字会南市临时难民所办事处报告书》，上海档案馆藏，档案号：Q120-4-186。

续表

派值东园茶社	黄阿龙
派值二班公所	陈掌林
派值国货商场	沈阿毛
扛抬茶水粮食	顾龙才、张友根、朱德山、汪明和、吕振华
值太平间兼抬尸	丁永泉、叶献畏、冯茂义、李荣兴
清道夫	孟永春、焦得和、周树生、李昌明

注：以上固定夫役20名，除派定值所主持者，其余扛抬茶水或太平间等夫役均每日酌给伙食费，但于必要时得唤同与清道夫合作清洁事务，俾重卫生，使全区清洁为目的，特此说明。

红卍字会在选择办事员及夫役时，尤其注意招请附近商店的

南市难民区里的中国难民。一面白旗和一小包衣服是这位母亲和儿子仅有的东西。这张照片曾广为传播

（图片来源：*The Story of "The Jacquinot Zone"*）

伙计及熟谙周围环境的人，担任文书、会计、庶务、管理粮食、卫生、收容等职务，这样就方便了难民区事务的开展。随着难民的不断增加，难民区的事务日益繁杂，表 3-2 所列的办事员和夫役已不敷分配，因此，红卍字会又增加了职员，并将每人所负的职责更加细化。

表 3-3　红卍字会难民区职员名册①

主任	薛丽生
文书	闵初醒
纠察	杨子章
粮务管理员	蔡维贤
衣被管理员	周益甫
材料管理员	陈玉林
病亡登记员	金秋生
收发粮食登记员	陆荣生
收发衣被管理员	薛天锡
安插难民事务员	张六吉
调查难民报告员	叶良庆
清察难民记录员	陆荣生
产妇专所主任员	张唐太太
殓尸事务员	华德昌
清洁管理员	赵卜臣
发粮员	袁九香、吴泉玉、耿福林、李兴隆
抬粮人	张友根、薛祥瑞、吕振华、梅顺林、李桂春、胡荣良
煮茶水	薛杏权
提茶水	华金咸、王荣生

---

① 资料来源：《世界红卍字会南市临时难民所办事处报告书》，上海档案馆藏，档案号：Q120-4-186。

续表

管茶桶	汪阿宝
挑水夫	王三、王初儿、徐洪根
管路灯	朱德山、余洪生
产婆	陈王氏、盛陈氏
派值产妇所清洁夫	陆阿荣
派值柴行厅清洁夫	王彩生
值办事处	胡金祥
值医室	汪明和
提药者	姚建荣
管门	谢柏福
值夜	杨静之
清道夫	周树生、李昌明、焦得和、孟永春
撤粪	王小三
通沟	陆德发
粪车夫	苏顺德、张祥卿
殓尸夫	陆福生、管阿掌、徐仁林、沈阿毛
钉材木匠	乔掌发

注：以上津贴如前。

　　表3-3与表3-1、表3-2相比，除主任和文书两项没有变外，其余均有变化。有些是新增的项目，如纠察、病亡登记员、产婆、管门等；有些是原有项目的细化，如原有的管仓也就是仓库保管员一项，被细化为粮务管理员、衣被管理员、材料管理员、收发粮食登记员、收发衣被管理员等。这些任务的细化并责任到人，有效地提高了工作效率。这也体现了红卍字会能够随着形势的变化，不断地改进工作，以便更好地为难民服务。这种

精神即使在今天也是极为难能可贵的。难民区监察委员会主席饶家驹和办事处主任潘志杰对红卍字会的工作极为赞赏，将豫园内所有公所学校以及各茶社已组成的二十余处收容所全部交给红卍字会办理，并委任红卍字会难民区办事处主任薛丽生为难民区第三区区长，以便主持各收容所的行政事务。而红卍字会之前所办的清洁事务也得到了国际救济会的认可，允许其继续办理清洁事务。

4.中华慈幼协会

难民区正式成立后，中华慈幼协会鉴于滞留该处的难民达数十万人，其中孤苦儿童甚多，因而特派副总干事陈铁生于11月14日早晨赴难民区内与饶家驹会晤，商洽准备在难民区觅一适当房屋，专门收容此区域内的难童。①16日，陈铁生又率同刘文林等干事，亲赴难民区视察，散发儿童给养，除已请托侯家浜路回教收容所与小世界42号收容所代为尽量收容儿童、源源输送给养外，准备扩大自设之战地儿童收容所，以应付当前需要。②18日，中华慈幼协会在难民区设立临时办事处，由副总干事陈铁生与干事周健、许佐同主持一切事务，并委托天主堂、小

---

① 《南市难民区部署愈见周密　拟增设收容所收容流浪难民　各界慨捐食品给养无虞匮乏　办事处日内宣告成立》，《申报》1937年11月15日。
② 《二十万难民仍处水深火热中　老弱妇孺悲苦万状　根本救济不容再缓》，《申报》1937年11月16日。

世界、侯家浜路等收容所开始收容儿童。据陈铁生讲，凡无家可归或无力收养的4岁至14岁之儿童，中华慈幼协会都会尽量收容，并拟在租界内寻找一处较大的房屋，希望热心者予以借用，以便大量收容儿童。①

难民区设立半个月后，中华慈幼协会收容了大量无家可归的儿童，但有一部分儿童由于父母不忍心其离开，因而给养不足。因此，慈幼协会决定扩大收容，将妇孺也就是母亲和孩子同时收容。慈幼协会还十分注意儿童的身体健康，在安仁街9号设立了一所灾童医院，专门为儿童看病。②

难民区成立之初，据慈幼协会调查，难民区中的20万难民中有8万余名儿童，其中1岁到4岁的儿童有3万余名，4岁到14岁的儿童大约有5万人。③ 这样的统计数据也体现了当时慈善机构的工作既细致又高效。慈幼协会本在租界内设有一个儿童收容所，由于难民区内儿童众多，中华慈幼协会与圣约翰青年中学校长商洽，将儿童收容所搬入圣约翰青年中学内，以便扩大收容儿童。收容所内部除设看护多人为灾童治疗病症外，还聘有女教员3人，逐日按时授课，教养兼顾，极为完备。迁址后的儿童收容所内有园地及运动场可供儿童玩耍，条件更为

① 《南市难民区秩序日渐安定　警卫已有办法　医院陆续成立　昨日收容白莲泾难民千人》，《申报》1937年11月19日。
② 《难民区设施一斑》，《申报》1937年12月7日。
③ 《慈幼协会调查南市难民区待赈者共二十万人　难童八万人　大半无棉衣被　冻馁而死者每日约五十人》，《申报》1937年11月28日。

优越。①

5. 同仁辅元堂及普善山庄

同仁辅元堂与普善山庄在"八一三"淞沪会战爆发后，即组织掩埋队赴战区及四郊，收殓罹难同胞及沪上各救护医院收容所伤兵难民尸体，运往义冢掩埋。南市难民区成立后，同仁辅元堂与普善山庄也兼理难民区内的尸体收殓及掩埋工作。红卍字会将尸体收集起来后，放在城隍庙后豫园环龙桥附近，由同仁辅元堂备棺前往收殓，埋葬之事则归普善山庄。② 由于南市的大火，同仁辅元堂内原存放的棺木未及搬出便化为乌有，随着死亡人数不断增加，棺木虽经日夜赶制，仍不敷所用，因而同仁辅元堂与普善山庄经常在报纸上呼吁热心人士多多捐助棺木。有一段时间，难民区内每日冻饿而死的难民达 50 人左右，成人和儿童各占一半。③ 由于人力物力有限，难民区环龙桥附近的棺材一时难以清理完毕，腐烂的厩汗流入荷花池，连放生的鱼、龟也被毒死。

除了上述提到的这些慈善团体外，还有许多慈善团体参与到难民区的工作中。例如难民区正式成立前一天，慈善团体救灾会

---

① 《中华慈幼协会办理扩大收容儿童收容所　已觅得新址》，《申报》1937年 11 月 25 日；《中华慈幼协会救济战地灾童　难民区灾童将迁入租界收容　各地战区儿童分别进行救济》，《申报》1937 年 12 月 1 日。

② 《南市环龙桥南堍棺冢累累》，《申报》1937 年 12 月 7 日。

③ 《慈幼协会调查南市难民区待赈者共二十万人　难童八万人　大半无棉衣被　冻馁而死者每日约五十人》，《申报》1937 年 11 月 28 日。

难民母亲和孩子。图为南市难民区里的一位母亲带着两个年幼的孩子以及她所有值钱的东西——一个小包裹

（图片来源：《上海法租界公董局警务处关于南市难民区的材料》，上海档案馆藏，档案号：U38-2-1189）

豫园内装有死尸的薄皮棺材堆积在棚子内，一眼望不到头

（图片来源：汪志星提供）

由收容股副主任陈德坤在难民区内觅定小世界、内园、沉香阁3处为收容所，并将由沪西、浦东救出的1200余名难民送往该处收容；上海市救济分会觅定侯家浜珠玉公会等处为收容所；上海回教难民救济会设立第六收容所于侯家浜某宅内；各同乡会亦在难民区内觅屋，设法移送大批难民。①

　　再如上海市西联益会为接济难民区里的难民，特向各界劝募食品衣被，以便分别救济。1937年11月21日，饶家驹因为难民区内存粮仅够两天所需而心急如焚，火速致电上海市西联益会，请该会迅速筹集食品，以免粮食中断造成恐慌。②还有浦东三林、陈行、杨忠三区及中心河等地的难民在难民区中人数众多，衣食无着，一些地方热心领袖集议成立三区避难同乡救济会，分组进行救济工作，并赶造同乡名册，在城隍庙大殿按名分发给养。③正是由于这些慈善团体和慈善人士为难民区付出的种种努力，才使得难民区得以正常运转。

---

① 《南市划难民区　市府布告实行　纯系国际救济性质　绝不损害领土主权　今日中午起开始》，《申报》1937年11月9日。
② 《难民区代表沈心抚等请扩充难民区　人数众多而区域狭小　风寒暴雨仍露宿街头　食粮告罄亟待接济》，《申报》1937年11月22日。
③ 《各慈善团体视察南市难民区　各种设施相继实行　清洁运动克日举办　各团体代表联合慰劳饶神父》，《申报》1937年11月17日。

收容所

据《申报》1937 年 11 月 29 日的报道，难民区内收容所当时共有 104 所，由于难民不断涌入，后续开办的收容所应高于此数目。

饶家驹将难民区地点选在南市靠近法租界的地方，是有其独特考虑的。首先，当时中日战争的战火还没有波及南市，这一块区域并非军事上的攻防要地，选择这一地区中日双方都比较容易接受；其次，这里背靠法租界，一旦有事情发生，饶家驹都可以便利地与法租界建立联系，请求援助；再次，这里属于上海的老城厢，区域内有大量的公共空间，战事发生后，这片区域的居民商户大多逃到了租界，留下了大量空置的民居和商店，一旦划为难民区，这些公共场所和空置的房子都可以利用起来。南市难民区正式建立后，区内的学校、公会公所、娱乐场所、宗教场所、商店以及空置的民居都被作为收容所，为难民提供栖息之地。

1. 学校

战争爆发后，学生们无法正常上课，学校空置出来，正好可以供难民使用。据当时《申报》的报道，万竹小学、旦华小学等学校被开放为难民收容所，供难民居住生活。万竹小学创办于清宣统三年（1911 年），地址在露香园路 242 号。当时万竹小学内还设有流通图书馆及难民临时医院。旦华小学位于大境路 15 号，此处的收容所是由饶家驹指定中国红十字会上海分会创办的。

2. 娱乐及宗教场所

南市有着大量的娱乐及宗教场所，如豫园、小世界、城隍庙、沉香阁、老天主堂、回教堂、青莲庵等。这些地方空间较大，比较适合收容难民。因此南市难民区建立的第二天，豫园、小世界、城隍庙等就已经被开辟为收容所了[①]。

豫园东临安仁街，北至福佑路，西、南与城隍庙相接，原是明朝四川布政使潘允端为其父潘恩所建的私园。在南市难民区正式成立后，豫园内挤满了难民，连路上走廊、九曲桥上都睡满了难民[②]。《上海名园志》对此事也有载："1937 年'八一三'淞沪会战，

---

① 《南市难民区实现　昨日开始收容　四周屋顶悬红十字旗　市警察武装维持治安　委员会发表声明》，《申报》1937 年 11 月 10 日。
② 《二十万难民仍处水深火热中　老弱妇孺悲苦万状　根本救济不容再缓》，《申报》1937 年 11 月 16 日。

豫园被划入'南市难民区'，难民大量涌入，搭屋建棚。肉庄业公所所驻香雪堂遭日寇炸毁，剩下一片空地。"①

小世界位于福佑路 234 号。据《南市区志》载，1918 年，沪人在福佑路西侧建劝业场，不久毁于大火，后由李姓商人重建成钢筋水泥的三层游乐场，因规模比大世界游乐场小，故起名小世界。② 南市难民区正式成立的第一天，小世界就收容了 1200 名难民。③ 之后为方便难民生活，小世界对面还设了老虎灶，供应难民热水。④

城隍庙位于今方浜中路 249 号。这里聚集了大量从战区仓皇逃出的难民，这里还是分发大米的一个中心。

沉香阁又称慈云禅寺，位于沉香阁路 29 号。《申报》1937 年 11 月 18 日报道了国际救济会调查难民区内难民确数，查得"沉香阁六〇〇人"，由此可见沉香阁当时收容了大量难民。

福佑路回教堂位于福佑路 378 号，又称福佑路清真寺。该寺始建于清同治九年（1870 年），1935 年改建成五开间三层临街建筑楼。在当时也安插了不少难民。

---

① 上海地方志办公室、上海市绿化管理局编：《上海名园志》，上海画报出版社 2007 年版，第 23 页。
② 南市区地方志编纂委员会编：《南市区志》，上海社会科学院出版社 1997 年版，第 872 页。
③ 《南市难民区实现　昨日开始收容　四周屋顶悬红十字旗　市警察武装维持治安　委员会发表声明》，《申报》1937 年 11 月 10 日。
④ 《难民区渐趋稳定　商户登记踊跃　饮料无虞缺乏》，《申报》1937 年 12 月 6 日。

梧桐路老天主堂位于梧桐路 137 号，又称敬一堂，明崇祯十三年（1640 年）由潘国光改建世春堂而成。董家渡天主堂建成后，教内习称此堂为老天主堂，为中国庙宇式建筑。[①] 老天主堂在当时也收容了不少难民。

青莲庵位于青莲街 37 号。青莲庵在当时也收容了大量的难民。

3. 公会公所

上海开埠后，工商业迅速发展起来，各行业为维护自身利益，纷纷设立行业会所。清末豫园败落，城内各行业集议修复，议定豫园由出资修得者使用，出资各行业公所落户豫园[②]。南市难民区成立后，不少行业公所也纷纷开放，收容了不少难民。据当时的《申报》报道，豆米业公会、酱业公会、铁业公所、杂粮公会、珠玉业公会、梨园公会、糖业公会、黄酒公所、典当业同业公会等开放为收容所，供难民居住生活。

这些在公会公所内设立的难民收容所中，典当业同业公会最为特殊，因为它是当时报道的唯一一所由公会自愿设立的难民收容所。兹将当时的报道全文收录于下：

---

① 上海通志编纂委员会编：《上海通志》，上海人民出版社、上海社会科学院出版社 2005 年版，第 1536 页。
② 上海通志编纂委员会编：《上海通志》，上海人民出版社、上海社会科学院出版社 2005 年版，第 6460 页。

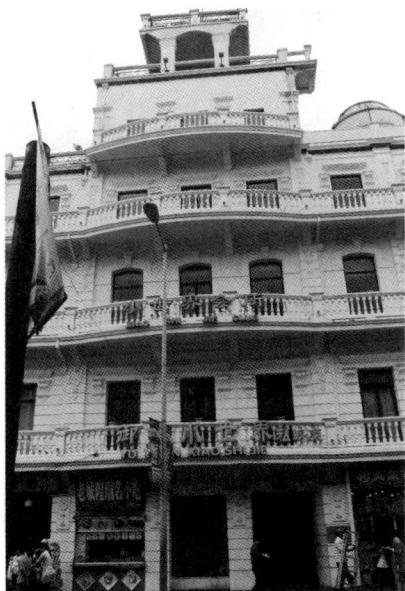

位于大境路 15 号的旦华小学，是饶家驹指
定中国红十字会上海分会设立的一处难民
收容所，同时里面设有国际救济会的办事
处。图为今大境路 15 号的上海市实验小学
（图片来源：陈斌摄）

保存完好的小世界建筑
（图片来源：陈斌 2014 年摄）

保存至今的杂粮公会建筑，今人民路 377 号
（图片来源：陈斌 2014 年摄）

历史悠久的城隍庙大新照相馆至今仍在营业，今人民路 377 号
（图片来源：陈斌 2014 年摄）

　　本埠典当业同业公会鉴于南市难民处于水深火热之中，为数尚属不少，除有流离及伤亡外，几有数日不得一饱。现在尚有集处民国路一带者，风餐露宿，情殊可悯，租界民众及团体方面虽有接济，尚未足用。该公会特在难民区内吴家弄三十九号成立收容所，以惠灾黎，并捐助国币一千四百十六元六角六分，送往国际救济会，俾资救济。①

　　典当业同业公会自愿将公会房屋给难民做收容所用，也体现了上海人民团结互助的精神，也正是这种精神，支持着难民区的存在和发展。

4. 商店及空置的民居

　　淞沪会战爆发后，由于南市地区离法租界较近，不少居民及商店店主便舍弃房屋店铺，进入租界，留下来的房子也就成了难民聚集的地方。据《申报》载，当时城隍庙大新照相馆收容了75人②，孙裕兴扇庄收容了40人，白衣街73号收容了40人、障川路35号收容了70人、晏海路21号及30号收容了150人、露香园路62号及64号收容了120人、九亩地各里弄内收容了约

①　《南市难民区仍由救济会负责主持　目前地位并无变动　流浪难民昨已安置　国府捐助救济费五万元》，《申报》1937年11月18日。
②　《浦东同乡会收容被难同乡详纪》，《申报》1937年11月26日。

3000 人。①

　　除上述所述收容所外，据《申报》报道，大境路上有一私人设立的收容所，名福顺收容所，收容了 300 余名难民，其内设备及给养尚称完善充足。② 这个收容所位于大境路 92 号兴泰里。但 1939 年人们发现此所所长任希彭克扣所内难民粮食，奸淫妇女，将难妇供日本人蹂躏，而其子无恶不作，偷盗难民区内居民的家具以及死尸的棺木殓衣。饶家驹调查认定情况属实后，通知警察局南市分局会同日本宪兵，将任希彭父子拘捕收押。③

　　据《申报》1937 年 11 月 29 日的报道，难民区内收容所当时共有 104 所④，由于难民不断涌入，后续开办的收容所应高于此数目，但由于有些难民所并未见诸报端，有些难民所本身为豫园、城隍庙内的建筑，所以这 100 多个难民所要一一考证出来比较困难，上述所列只是其中一部分。⑤

---

①　《南市难民区仍由救济会负责主持　目前地位并无变动　流浪难民昨已安置　国府捐助救济费五万元》，《申报》1937 年 11 月 18 日。

②　《二十万难民仍处水深火热中　老弱妇孺悲苦万状　根本救济不容再缓》，《申报》1937 年 11 月 16 日。

③　《父子狼狈作恶　翻尸窃棺惨案百余　调查属实要求斩决》，《申报》1939 年 2 月 17 日。

④　《南市难民区措施益臻完善　饭食茶水筹备妥当　棉衣棉被盼捐甚急　牛惠生夫人慨捐棉衣三万套》，《申报》1937 年 11 月 29 日。

⑤　苏智良主编：《饶家驹与战时平民保护》，广西师范大学出版社 2015 年版，第 144—158 页。

其他便民机构的设立

　　难民区里仅有收容所是无法满足难民的生活需求的，像一个小城镇一样，难民区里也设置了难民医院、难童学校、残老院之类的便民服务机构。

　　1. 难民医院

　　难民区刚刚成立的时候，区内的医生极为缺乏，生病的难民大多送往租界医治，但数量有限。据常在福佑路 8 号至 18 号问诊的华俊医师说，难民中十之三四都有病态，而义务诊察的医生数日内只有他一个人。曾有两个产妇在城隍庙菩萨像前产下一子一女，就是由他接生的；又有一个怀孕 4 个月的孕妇，肚角被弹片击破一洞，也是由他为其包扎缝好，设法由新开河救火会雇车送入租界医院治疗休养。其他有胃肠病等疾病的难民数量，尤为众多，希望租界中医药界本着人类互助精神，前往难民区为难民

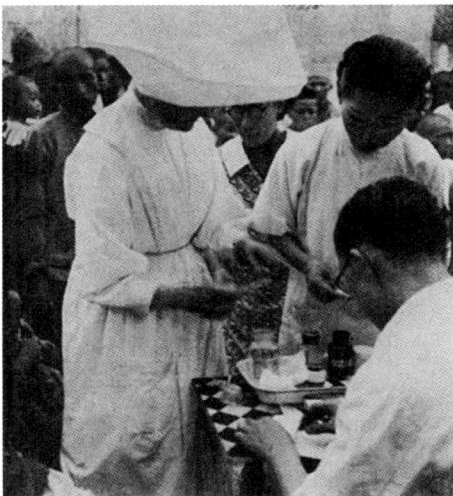

南市安全区内的医疗服务
（图片来源：上海历史博物馆藏）

救济病苦。[1] 随着难民区的各项工作逐渐展开，难民区内的医疗服务也逐渐完善，开设了难民医院、产妇医院及灾童医院，尽量满足难民各方面的医药需求。

　　南市难民区成立半个多月后，区内成立了 3 所临时医院，分别位于"万竹小学内、侯家浜某宅、流通图书馆内"，且"患病者经中国红十字会、中华医学会、天主堂姆姆等竭力诊治、为数已渐减少"[2]。这三所临时医院，除万竹小学位于露香园路242号确定外，其余两处无法确定具体地址。侯家浜今为侯家路，南北

---

[1]　《饶神父尽力维持难民给养秩序　组织纠察队维持秩序　每日分两次输送给养　难民多有病态　亟盼医疗》，《申报》1937 年 11 月 13 日。

[2]　《难民区卫生设备大体已臻完善　难民缺乏寒衣》，《申报》1937 年 11 月 27 日。

向连接福佑路与方浜中路，这条路上民宅很多，无法确定具体为哪一幢。南市难民区的流通图书馆由于资料缺乏，也无法确定其具体位置。

除这三所临时医院外，另有世恩难民医院闻南市伤民极多，亟待救治，故将难民区安仁街 25 号自置房产，设第三分院。[①]今安仁街 25 号因为 2002 年古城公园的建设已经被拆除。

据难民区监察委员会编写的小册子介绍，难民区内最初有三家综合性医院，自从当局限制他们的医疗活动后，医院数量减少到一家（除了一些小型的专科医院）。这所医院是一个大型的崭新的中国式房子，房屋主人在房子装饰刚完成就被迫放弃了它。因此，它绝对是干净的，房间里配有雕刻精美的黑木桌，现在则配有亚麻布衣服与各种设备。这座房子有自己的水井。医院得到监察委员会的资助，它为少年和妇女提供了大约 40 个床位。修女们在天黑之前离开；3 名中国医院的小伙子会在那里待上整夜。总医院有一个装备极好的门诊部，每天要处理 300 多例病例。医院还经常向儿童和成年人分发鱼肝油。

伤口及眼部感染与手脚中毒是很常见的，因为一些难民的健康状况太差以致身体难以正常痊愈；由于与警方发生冲突，骨折也是很常见的。医院里有一个简易手术室，但它不能够做复杂的内科手术。医院中的病例是那些在难民中常见的疾病：营养不

---

① 《南市难民区秩序日渐安定　警卫已有办法　医院陆续成立　昨日收容白莲泾难民千人》，《申报》1937 年 11 月 19 日。

良、脚气病、肠道和肺部疾病。

在成立初期，医院缺乏电力供应。修女们还在医院的一个房间里建立了一个拥有百来个年轻女孩的缝纫工厂。后来这家医院在附近一个建筑物中设立了分部，分部约有 40 张床位，收治的是男性病人。医生定期探访，两名中国男护士在白天负责照料，两名医院的小伙子负责值夜班。这所医院的工作非常出色，但是由于床位不够，大多数病人并没有住在医院。另外，很多人不敢来医院，尤其是妇女，她们不愿抛下自己的孩子，或是不习惯接受一名陌生医生的诊治。

难民区的医疗工作还得到了圣方济各会的耶稣圣心修女会的大力支持。修女会的修女们每天有 10 张通行证，可以进入到难民区。这些修女们建立起了难民和医院间的联系。医院的门诊部给修女们一些简单的药物，修女们则深入到难民营、深入到贫穷的居民中，为一些病人施舍药物。她们的到来总是受到难民们的欢迎和致谢。

为了解决难民区内产妇的生育问题，难民区也开设了产妇医院，义务为产妇接生。据《申报》1937 年 11 月 19 日的报道，难民区的流通图书馆内设有产妇医院，由天主教堂主办。此外，豫园得意楼、安仁街、中比游艺会也设有产妇医院，孕妇由各产妇医院接生者，已达 100 余人。① 得意楼位于九曲桥塬，现已不

① 《难民区卫生设备大体已臻完善　难民缺乏寒衣》，《申报》1937 年 11 月 27 日。

存在。得意楼同时还是红卍字会的办事处。安仁街今仍名安仁街，与侯家路平行，也是南北向连接福佑路与方浜中路，此条路上的民宅也有许多。中比游艺会由于资料缺乏，目前还无法判定其具体地址。

　　除了上述三所产妇医院外，据《申报》1940 年 1 月 1 日一篇对饶家驹的采访记录，难民区内还有家慈安产科医院义务为难民中产妇接生。[①] 查《南市区志》，慈安产科医院位于邑庙区晏海路 178 号（今河南南路 246 号），由比利时的海尔波医生创办于 1937 年 11 月，原为私立医院，后改为公有。1955 年 12 月接办为邑庙区产院，1960 年易名南市区第二产院，1962 年 9 月被并入第一产院（黄家路 163 号），改名南市区产院，1972 年迁往云南芒市。[②] 这个医院是在中比庚款委员会的领导下，在杨树浦医院难以为继的时候，把该所医院的设备转移过来成立的。这家拥有 45 张床位的医院，过去是私人的房子，拥有康复室以及为生病的母亲及婴儿建立的病房。这家医院还拥有一流的产房，配有现代的设备和消毒室。今河南南路 246 号已经建为上海市实验小学的教室，只有一些老居民还依稀记得此处曾有一个产妇医院。

　　儿童由于其体质、心理条件与成人有异，生病后更需特别照

---

①　《饶神父谈——一年来的救济工作》，《申报》1940 年 1 月 1 日。

②　南市区地方志编纂委员会编：《南市区志》，上海社会科学院出版社 1997 年版，第 918 页。

顾。为了医治生病的灾童，中华慈幼协会在安仁街 9 号设立了一所灾童医院。① 该建筑因为古城公园的建设而被拆除。

　　除了难民区内设立的一些医院，难民区内还和区外的一些医院合作，将患重病的难民送入区外的医院救治。当时特约收治难民的医院计有广仁医院、同仁医院、公济医院、仁济医院、宝隆医院、时疫医院、中华麻风院、难民肺病疗养院等，其他收治难民的医院还有北河南路市商会女病院、沪西徐家汇虹桥路男病院、老靶子路（今武进路）527 号第十九难民收容所内的诊疗所、九江路 456 号的世恩难民医院、南京路慈安里 23—27 号的世恩难民医院第二分院、劳勃生路（今长寿路）111 号的难民产妇医院等②。在烽火连天的战争年代，生活在上海的难民们能得到如此众多医院诊所的接待治疗，应该说是非常幸运了。

　　2. 残老院

　　难民区内还专门为年老的难民设立了一所残老院，当时的《申报》对此事也有报道：

　　　　南市难民区主持人饶神父，前因鉴于区内贫苦无告之年老残废难民，虽优予收容，但生活甚惨，绝非敬老恤寡之

---

① 《难民区设施一斑》，《申报》1937 年 12 月 7 日。
② 《申报》1938 年 10 月 14 日第 11 版、《申报》1937 年 11 月 19 日第 3 版、《申报》1938 年 11 月 7 日。

道，乃特于九亩地阜春街组设残老院，将各收容所内之并无
家属孤苦无依之残废老叟收容该院，并委顾利生为院长、王
子卿为副院长。全体残老共计一百三十余人，均为年龄六十
岁以上者，其中八十余岁者亦有十余人。平素区内难民每人
每日发给食米六两，此残老院中之待遇则为每日晨夕发给稀
饭二次、中午供给午饭一次，生活已较普通难民为优。兹悉
昨日上午，饶家驹神父及主任顾纶为抚慰此等残老难民精神
起见，特偕同各组重要职员前往视察一过，并逐一加以慰

这里是难民区残老院遗址。2014 年秋，苏智良、王海鸥来到九亩地阜春街调查。两个月
后，这个街区全部被拆除了

（图片来源：陈斌 2014 年摄）

问。同时闻主任等对于该院设施颇为满意。①

饶家驹心系孤苦的残老，专门为他们创办残老院，并向老人们提供较优的待遇，一天供应三餐，还经常去慰问他们，使得这百余老人暂时忘却了战争与烦恼。饶神父的善心，由此可见一斑。

3. 难民学校

难民区还为难民们开设了难民学校，以提高难童和一般难民的文化水准。

难民学校所招收学生既有儿童，又有成年人，所教授内容主要包括四个方面：一是智育事项，二是德育事项，三是体育事项，四是通俗教育事项。智育课程主要是为了铲除文盲，除了教授难民普通学科外，尤其注重新文字的推行。德育课程是为了加强难民思想道德教育，由学校派专员定期举行演讲，演讲题目多为自助、品格、责任、节俭、互助、勇敢、公益、诚实等相关内容。体育课程是为了加强难民的身体素质，由学校特别聘请体育视导员多人，负责推进安全区各项体育运动，如健身操、球类游戏、跳绳等项目。通俗教育课程主要以说书形式进行，内容多以难民都能了解的通俗常识性知识为主，以期增进常识，唤

① 《饶神父抚慰残老院　该院残老年龄均在六十以上》，《申报》1940 年 3 月9 日。

起精神。①

难民学校中，尤以难童的教育最为重要。据《申报》1937年12月报道，旦华小学内"现又举办难童教育班，在旦华内另辟教室，首批难童百余名业已开始上课，系采用商务等教科书为教本"②。从时间上来看，旦华小学内的难童学校可能是难民区内开办的最早的难童学校。

位于梧桐路137号的老天主堂内，也设有7所难童学校，招收了两千余名学生，难民子女均免费入学。③另据阮玛霞《饶家驹安全区——战时上海的难民》一书记载，安全区里许多地方都有难民学校，如寺庙、教堂、公会公所、学校和公共建筑。难民学校的条件因地而异。最简陋的难民学校，学生可能会坐在地上、粗糙的长凳上或是由委员会提供的铁皮饼干筒上。比如一个学校，晚上是宿舍，白天是教室。④尽管如此简陋，但难童们感受到人间的关爱，不少人的启蒙就在坐在铁皮饼干筒上开始的，这种终生难忘的学习经历，是他们一生的宝贵财富。

---

① 《国际红十字会一年来会务报告》，《申报》1938年11月6日。

② 《难民区收容难民十五万余　防盗木栅开始动工　男童教育班已上课》，《申报》1937年12月10日。

③ 汪志星：《不能忘却的上海"拉贝"——抗战时期饶家驹及其建立的南市难民区》，《中国档案报》2014年3月13日。

④ ［美］阮玛霞：《饶家驹安全区——战时上海的难民》，白华山译，江苏人民出版社2011年版，第146页。

4. 难民工厂

饶家驹强调说，难民需要学习一些实用的技能，一旦形势稳定下来，他们凭此就能找到工作。为了使难民在脱离难民生活后能够自立，同时也为了避免难民在难民收容所里养成饭来张口、好吃懒做的毛病，难民区内开设了诸如编筐、结草绳、做纸花、编草鞋、做鞋、裁缝、刺绣等手工艺课，还设立草绳工场和板刷作坊，招收难民两百多人，一度非常热闹，后因缺乏原料而停办。继而又开办了一个刺绣与花边工场，由法籍拯亡会的修女执教，收难民妇女为徒。1939 年，难民区内又新办了绣花工厂和毛巾厂。[①] 这些工厂充实和改善了部分难民的生活，一些难民因此获得了一些生产技能，也表明了难民们自救的能力和决心，从而减轻了慈善机构的经济压力。

---

① 苏智良主编：《饶家驹与战时平民保护》，广西师范大学出版社 2015 年版，第 158—165 页。

日方与难民区

在难民区建立之初，日军上层曾保证难民区不受任何军事活动的威胁，但实际上，难民区所受的威胁恰恰是来自日军。不管是日军岗哨对难民的无理打骂，还是在难民区内戒严搜查，甚至在难民区内强奸和抓捕妇女，这些都让难民们担惊受怕，十分恐惧。

难民区最初是由中国的警察担任区内守卫之责，但由于11月12日在南市的战斗结束后，难民区的中国警察遭到日军的射击，因此这批警察不得不退往法租界，难民区的警卫工作由一些外籍神父和白俄巡捕担任。前文提到的尚家立神父，每晚都要在难民区里巡视一圈，以安定人心。

日军在占领南市后，每日两次巡视难民区内的街道。日军经过时，居民们俱紧张地避居不出。[①]11月18日，日军率领伪上

---

① 《二十万难民仍处水深火热中　老弱妇孺悲苦万状　根本救济不容再缓》，《申报》1937年11月16日。

海市警察局警察第二队进驻中华路小南门救火联合会，20 日中午 12 时又率领职区官警及侦缉员 122 名由救火会出发，沿方浜路东口朝西转入民国路巡行一周，并在方浜路西口沿民国路至小东门东口止，设岗位 15 处，每岗设警卫 2 名，由警士协同日军驻守，并规定每天早 8 时出岗，晚 5 时收岗。岗位配备如下：

表 3-4　上海市警察局南市区岗位临时配备表①

（1937 年 11 月 21 日）

岗位号数	岗位地点	警士数目
第一号	方浜路东口	2 名
第二号	大生弄	2 名
第三号	福佑路	2 名
第四号	丹凤路	2 名
第五号	观音阁街	2 名
第六号	安仁街	2 名
第七号	障川路	2 名
第八号	潘家街	2 名
第九号	晏海路	2 名
第十号	旧仓街	2 名
第十一号	露香园路	2 名
第十二号	青莲路	2 名
第十三号	大境路	2 名
第十四号	同庆街	2 名
第十五号	方浜路西口	2 名

---

①　资料来源：上海市档案馆编：《日本帝国主义侵略上海罪行史料汇编》，上海人民出版社 1997 年版，第 438—439 页。

　　这些岗位地点均在难民区的重要路口上，是难民们来往的必经之路，也正因为如此，难民们也遭受了这些日军哨兵不少的侮辱和殴打。

　　罗荣华老人曾亲眼看见日本军队在方浜路上耀武扬威的情景。日军的铁甲车从方浜路上开过，旁边的房子都被震得嗡嗡地响。老人激动地讲："城隍庙这个范围就是安全区，你跑过城隍庙性命保住了。你在南市区，不过方浜路，就性命不保的。"①王凤英老人当时住在方浜路 369 号，对方浜路这条生死相隔的生

南市难民区南面边界方浜路的一处日军岗哨

（图片来源：*le Journal de Shanghai*，1937 年 11 月 21 日，第 3 版）

---

①　上海东方广播电台《拯救历史的记忆——南市难民区的故事》节目主持人金亚提供。

命线有着刻骨铭心的体会。当时有方浜路以南的居民住到难民区后，偷偷跑回家里取衣物，结果被日本兵抓住了，绑在电线杆上，先是把衣服脱了，拿蜡烛烧身上的毛，那人昏过去后又拿刺刀划，把人折磨得不行。还有一个人也是去了方浜路以南，结果被日本兵打死后扔在井里，后来被捞起来时血水淌了一地。这一场景虽然已过去 70 多年了，但王凤英仍记忆犹新。王凤英老人由衷地感慨地说："人们只有在难民区里才会相对安全一些。"①

难民们在经过这些日军岗哨时，还必须向他们鞠躬行礼。刘复田老人讲道，如果忘记了向日本兵行礼，就要挨踢。上海人有个调侃的说法，把这称为"吃东洋火腿"。②王晓梅老人也提到，在侯家路与方浜路的交界处日本兵设有岗哨，如果你路经此地，必须要向日本哨兵问好，要向日本人点头鞠躬，如果戴了帽子则必须要先脱帽，如果不脱帽子"招惹"了日本兵，他就会拿枪托打你。这还算是轻的，如果你跟日本兵犟，他们还会用凉水一桶一桶从你头上往下浇，非常恶劣。有一次，一个中国人"招惹"了日本兵，这个人一看形势不对就赶紧逃跑，日本兵就开枪打他，结果他跑得比较快，子弹打在了墙上，没有伤到他。③俞光辉的

---

① 上海东方广播电台《拯救历史的记忆——南市难民区的故事》节目主持人金亚提供。
② 王海鸥、马培 2014 年 11 月 24 日、12 月 2 日采访于上海刘复田老人家中。
③ 苏智良、王海鸥、陈斌 2014 年 10 月 23 日采访于王晓梅老人所属的上海广福居委会；王海鸥、蔡晓琛、张璐怡 2014 年 12 月 21 日采访于上海王晓梅老人家中。

爱人由于要来到难民区教孩子们唱歌，经常需要穿过日军的岗哨。有一次，一个站岗的日军问俞光辉的爱人："花姑娘，你手里拿的什么？"俞光辉的爱人回答说没什么，是个琴谱。结果日军说："你会唱歌？来唱个歌？"嘴里这么说着，手里的枪就放下来了。本来俞光辉的爱人经常在外面跑，胆子还算是大的，被日军这么一吓，唱了两句就哭了。日本兵不耐烦了，就挥挥手让她走了。但由于这么一吓，俞光辉的爱人回到家就生病了，发了两天烧。①

　　尽管日军上层曾保证，难民区完全不受任何军事行动或武装敌对行动的威胁，但这并不能完全保证日军不会进入难民区为非作歹。在难民区建立没多久，一队日本兵突然闯入难民区，在难民区里随意闲晃。这让难民们的心都提到了嗓子眼。这时，尚家立神父阻挡住了这些日本士兵的去路。为首的日本军官回头说了句什么，刚才还散着的士兵立即整齐列阵。尚家立用英语问那个日本军官如何称呼，军官用生硬的英语说："我是大日本皇军中佐池田一男。你是谁，敢阻拦我们的巡逻？"尚家立神父回答说："中佐先生，我是尚家立神父。你应该知道，这里是军事中立区，武装人员不得进入，请你们立即退回去！"池田不屑一顾地说："唔，尚家立，没听说过。谁都可以说自己是神职人员。不过现在是战争时期，神职人员恐怕也难受庇护。"尚家立回答："中佐，你这么说，我将质疑你对我人格的侮辱。我再说一遍，

① 　上海东方广播电台《拯救历史的记忆——南市难民区的故事》节目主持人金亚提供。

我是尚家立神父，安全区监察委员会成员之一，我协助委员会办事处负责人饶家驹神父工作。"

"饶家驹，我听说过。但是我们今天接到命令，有若干武装的中国士兵进入安全区，我们正执行搜捕任务。"池田仍旧态度生硬。尚家立冷笑了一声："请问有确切的证据吗？"池田回答："我们正在寻找证据。"尚家立说："不，如果没有证据，你们就不能进入安全区。如果非要进入，也必须经过监察委员会的批准。"池田态度咄咄逼人："神父，如果我要继续执行任务呢？""那就请贵国驻沪总领事冈本先生亲自来谈吧。几天前，他刚给饶家驹神父致信承诺，日本方面保证，日本军队不进入难民区，日常维护工作由少量法租界武装人员负责。中佐先生难道看不见安全区的屋顶上都插着国际红十字会的旗帜吗？所以我再次要求你带着你的士兵离开这里。"

中佐拧着脸，肌肉被电击般地抖动，他习惯地"八嘎"了一句，然后把手高高举起，是那种要劈砍的架势，但在空中突然改变了弧度，变成了一个敬礼，然后面对微微抬着下巴的尚家立说："我马上离开安全区，请多包涵。尚家立神父，我记住你了。"他放下手，又是一个典型的日式鞠躬，转身喊口令撤退而去。尚家立直到日本兵的身影消失不见，才长出了一口气。这时难民们围拢来，他们为尚家立神父的勇敢举动所感动，纷纷向其竖起大拇指。①

---

① 孙建伟：《我心向圣》，《东方剑》2014 年第 3 期。

1937 年 12 月 11 日下午 2 时 30 分，日军因一名哨兵在难民区某地点遭到枪击，突然宣布戒严，在难民区四周布设警戒线，并进入难民区挨户搜查。这件事由于饶家驹的挺身而出、出面担保而很快平息，但日军并未对难民区放下警惕，不久发布了一个布告：

日军南市警备队布告（1938 年 1 月 6 日）①

日本军之行动，乃在于膺惩抗日容共之徒，并不以中国民众为敌，对一般无辜民众毫无所犯，是以一般民众应安居乐业，毋所恐惧。兹将日本军占领地域准许善良中国人民出入，予以自由通行。唯左记事项应须严守，勿得违反：

（一）夜间自下午七时至上午六时止，不许外出，如有不得已时，须得日本军警备队长许可。

（二）散布传单或粘贴标语时，必得日本军警备队长之许可。

（三）不许民众私有军火，如有私藏军火者，应即交日本军警备队长，违者重罚。

（四）如有知悉私藏军火之地点或人物者，应即报告日本军警备队长。

（五）如有发现不炸枪弹或炮弹时，切勿以手触之，应即报告日本军警备队长。

---

① 上海市档案馆编：《日本帝国主义侵略上海罪行史料汇编》，上海人民出版社 1997 年版，第 247—248 页。

（六）如有悉抗日容共之徒蠢动者，应即行报告日本军警备队长。

上述各项之外，凡有危害日本军之军事行动者，绝不宽贷，概照军律重惩。如有探悉此等情形前来报告者，酌量情状后，当有优厚奖赏。特此布告。

日军在布告中宣布，日军的行动是为了惩罚"抗日容共之徒"，此后，日军对于难民区的搜查多是以此为借口。布告规定居民们夜间不能外出，不能私自散发传单和粘贴标语，不能私藏军火，知悉私藏军火的地点或任务以及抗日分子并报告给日军警备队长还有奖赏。布告虽规定"善良中国人民"可以自由通行于日军的占领区域，但日军烧杀抢掠的种种暴行早已有目共睹，这一布告只能是一纸空文。

除了发布告警示外，日军还不时对难民区进行戒严搜查。很多老人还记得日军戒严时候的情景。刘复田老人回忆，小时候他经常见到日本人戒严，一戒严就将铁门关死，城里城外不能通行。有一次他和奶奶、哥哥到浙江路一个亲戚家玩，回来时铁门锁住了，不让进。城外有很多人，城内也有很多人，想出去的出不去，想进来的进不来。奶奶听人说新北门还开着，就带着他们哥俩赶紧往那里跑。在今天的人民路那里，日本人骑着三轮摩托车朝他们撞过来，他们拼命地往人行道上跑，这才幸免于难。小时候他在青莲庵附近上学，回家的时候经常碰上戒严。有一次日本兵突然戒严，他就待在青莲庵边上他叔叔开的杂货店里。杂货店在戒严后也要关门，他叔叔就把门板上起来，只留了一个小孔。当时是夏天，街上一个人也没有。他们正对面是一个老虎灶，因为戒严后不能在路上走动，因此路上一个 20 岁左右的年轻人就在老虎灶边上等待。这个年轻人站的位置正好看不到日本兵，就以为街上没人，想跟他叔叔买包烟。他叔叔向年轻人示意那边有日本兵，但年轻人没有看懂，就跑了过来。结果这个年轻人还没有站稳，日本兵就朝他打枪。所幸子弹只打在了墙上，没有伤到年轻人。年轻人当时吓坏了，好一会儿才反应过来，赶紧逃跑了。[1]

　　傅剑秋老人回忆，在难民区的时候，日本兵经常来一户一户地搜查。查的时候日本兵把居民全都赶出来到门口站好，他们进去搜查。但是难民区里武装冲突倒是没有。[2] 陈瑞玉老人讲，这里虽然是难民区，但日本人还是会进来。日本人还在难民区里面强奸过妇女，就发生在他们家对面的南王医马弄 62 号，是在一家刻字店旁边。老人还看到日本兵做完坏事后往民国路（今人民路）方向逃跑。难民区和外面隔有铁门，也有带刺的铁丝做成的栅栏，还有日本兵看守。当时虽然很害怕，但在难民区里还好一点，日本人不会进来拿枪杀人。[3] 王凤英老人还清晰地记得看到

---

[1]　王海鸥、马培 2014 年 11 月 24 日、12 月 2 日采访于上海刘复田老人家中。

[2]　金亚、余娟、李磊、王海鸥 2015 年 5 月 14 日采访于上海傅剑秋老人家中。

[3]　上海东方广播电台《拯救历史的记忆——南市难民区的故事》节目主持人金亚提供。

过日本人背着枪从侯家路西面冲过来的情景。① 当时的报纸上也报道过日军进难民区企图强奸妇女的事情。一日凌晨 1 时，观音阁街 31 号 23 岁的秦阿大和 16 岁的秦金弟还在睡觉，突然有两个日本兵士闯进来意图非礼，两姐妹急不暇择，竟先后从窗户跳下，以致腿骨跌断，受伤甚重。②

在难民们进出难民区时，日军还要检查他们的"良民证"和防疫证。据傅剑秋老人讲，在难民们进租界或从外面回到难民区时，要有证件，就是所谓的"良民证"。并且日本兵每年都指定在铁门口打针，注射一种红色的药水。打了针以后会发给一个证件，没有这个证件，日军就不让通过铁门。很多人十分担心这种药水会是些不好的东西，但傅剑秋老人觉得应该也就是一般的防疫针，因为没有人打了针以后就死了或怎么样。③ 但王凤英老人回忆说，打了这种防疫针以后反应很重。老人还回忆日本兵看到刮痧的人就要抓去，因为当时的中国人身体不舒服就会刮痧，日本兵把这当成是时疫病，还煞有介事地把这一地区的弄堂全部封锁起来。④

难民区里还曾发生过日侨贩毒的事情。1938 年 10 月 14 日，

① 上海东方广播电台《拯救历史的记忆——南市难民区的故事》节目主持人金亚提供。
② 《两女堕楼断腿》，《申报》1939 年 9 月 6 日。
③ 金亚、余娟、李磊、王海鸥 2015 年 5 月 14 日采访于上海傅剑秋老人家中。
④ 上海东方广播电台《拯救历史的记忆——南市难民区的故事》节目主持人金亚提供。

伪南市特务分队侦缉员穆少荣、蒋涤凡等在难民区旧仓街恒德里12号内，破获假借松田搬运公司名义合股组设的一毒品机关，当场查获白粉即海洛因181包，并将主犯日人松木一清及张义生、张阿荣、沈阿六等四人带回分队。由于这件案子涉及毒品，且牵扯到日侨，后来交给日本宪兵队处理了。①

1939年1月，日军在将露香园路上的万竹小学占作日兵屯驻之所后，即在南面方浜路口留一孔道，派日兵与伪警站岗。这条路是那一带走入难民区的唯一要道，居民出入时不论男女，均须向日兵脱帽鞠躬，并须出示市民证。由于此处原来的驻兵调往前线增援，由日本国内调来新兵100余人，年龄均在20岁以内，脾气暴躁，经常殴打经过此处的居民，居民畏之如虎。该所日军军官又嫌马路狭小，不敷发展，遂雇工将对面的某姓家庵②及福兴材栈等门面房屋10余幢动工拆除，以便放宽马路，并在南北两面、用砖头及水门汀建造高达五六尺、周长丈余的圆堡各一座，南北西三面均筑有枪洞，架以机关枪，日兵驻在堡内，堡外置有沙袋等障碍物，守卫森严。③

1939年年底，伪上海市政府为了复兴南市，商请法租界逐

---

① 上海市档案馆编：《日本帝国主义侵略上海罪行史料汇编》，上海人民出版社1997年版，第471页。

② 笔者从报道的描述及当时的地图来看，这某姓家庵很可能就是黄家家庵，也就是今天的慈修庵。

③ 《南市日军强拆民房　方浜路筑堡垒　新至日军性情暴戾　居民被殴畏如虎狼》，《申报》1939年1月9日。

步将铁门开放，市民持市民证就可顺利出入南市，但在 12 月中旬，日方忽然禁止持有 10 月、11 月及最近颁发市民证的居民进入南市。原来起因是此前有一老妪手持最近发给的市民证前往南市，经过日宪兵岗哨时，老妪询问日本宪兵持此证是否可以入内。该岗哨认为此老妪所问奇突，于是详加盘问。老妪称此市民证是她出资 3 元买来的，不知道真伪以及能否进入难民区，为慎重起见，所以询问。该日军岗哨于是据情报告上司，认为有出售市民证的情况，因此日方一面禁止持此类证件的人通过，一面查究此事。① 其实，当时市民证的申领有着严格的程序，市民须先将申请书填送甲长，由甲长转送保长，再由保长汇送坊长，终由坊长汇送至职署，分别填证，会同南市班盖章给发。② 这本是日军和伪政府控制市民的办法，而买卖市民证将使日军对此失去控制，故日军要严查出售市民证的情况。

在法租界通往南市的铁门逐渐开放后，日军对难民区的控制也日渐放松。之前，日军宪兵队、邑庙警察署及职队每日遴派负责人员在开放铁门的地方设立岗位，维持秩序并检查过往的行人。至 1940 年 3 月 6 日，所有的检查任务由邑庙警察署派警维持，日本原有驻兵自动撤去，仅在每日下午 6 时至翌日上午 6

① 《日方限制"市民证"　法领昨晤三浦　将磋商办法便利出入　限制原因系有人出售》，《申报》1939 年 12 月 19 日。
② 上海市档案馆编：《日本帝国主义侵略上海罪行史料汇编》，上海人民出版社 1997 年版，第 448 页。

万竹小学是当年数百难民的庇护
所，今为上海市实验小学

（图片来源：陈斌 2014 年摄）

为筹备建立以及维持南市难民区，
饶家驹经常需要与各国的领事打交
道，以争取他们的支持。图为饶家
驹与挪威驻上海总领事兼首席领事
奥尔、法国驻上海总领事鲍黛芝在
商议难民区的事务

（图片来源：上海历史博物馆藏）

时设岗警戒。[①] 此事一方面可能由于难民区内的难民已经日渐稀少，秩序日趋正常；另一方面也与当时伪政府企图复兴南市市面有关。

从难民区的建立到难民区的结束，日军与难民区始终保持着微妙的关系。在难民区建立之初，日军上层曾保证难民区不受任何军事活动的威胁，但实际上，难民区所受的威胁恰恰是来自日军。不管是日军岗哨对难民的无理打骂，还是在难民区内戒严搜查，甚至在难民区内强奸和抓捕妇女，这些都让难民们担惊受怕，十分恐惧。但难民们也清楚，在难民区里，至少性命无忧，而在难民区外，怕是连性命都不保。

---

① 上海市档案馆编：《日本帝国主义侵略上海罪行史料汇编》，上海人民出版社 1997 年版，第 441 页。

共产党与难民区

据黄定慧（即黄慕兰）回忆，在淞沪抗战结束后，为确保宋庆龄、沈钧儒、邹韬奋、郭沫若等人安全秘密地撤离上海，陈志皋等人建议请饶家驹与日军司令部打交道，以撤退难民的名义要求放邮轮进来，且沿途日军不能开炮拦击。最终，这些人得以成行，饶家驹还特别关照不要在码头开盛大的欢送会，不许呼喊抗日口号，仅黄定慧一人在码头为这些人送行。

饶家驹在南市建立难民区，共产党方面的态度如何？在南市难民区存在的这两年多的时间里，共产党和难民区之间有什么联系？这也是研究难民区中的一个重要问题。由于资料缺乏，具体的事实已很难考证清楚，只能借助当事人的回忆及文献中的只言片语来进行研究推断。

2015 年 6 月，笔者拜访了已经 99 岁高龄的周克先生，他当时的身份是江苏省委难民委员会委员，鹤发童颜、精神矍铄的周克先生回忆说，对于饶家驹在南市建立这样一个难民区，党内觉得是很好的，因为共产党也希望拯救难民。饶家驹主要是从人道的角度来救济难民。[①] 饶家驹对难民工作的支持从其他一些方面可见一斑。当时，为了从上海获得兵员，新四军军部派遣余立金到上海，与江苏省委联络。经过中共地下组织的动员，许多难民渴望离开上海，投奔新四军。当时的上海，流传出一首民谣：吃菜要吃白菜心，当兵要当新四军。周克领导的"难委会"采取暗度陈仓、瞒天过海的计谋，以遣散回乡、移民垦荒的名义，进行疏散。

周克表示，作为地下党的负责人，他不能直接与饶家驹联系，但他通过手下得力的女将黄定慧保持着与饶家驹的联络，慈善家赵朴初等也积极活动。据黄定慧（即黄慕兰）回忆，在淞沪抗战结束后，为确保宋庆龄、沈钧儒、邹韬奋、郭沫若等人安全秘密地撤离上海，陈志皋等人建议请饶家驹与日军司令部打交道，以撤退难民的名义要求放邮轮进来，且沿途日军不能开炮拦击。最终，这些人得以成行，饶家驹还特别关照不要在码头开盛大的欢送会，不许呼喊抗日口号，仅黄定慧一人在码头为这些人送行。此外，黄定慧还提到为了顺利护送青壮难胞去参军，陈志皋又请饶神父出面向日军司令部交涉，要求日军在难民返乡途中不加阻挠，并为确保从水路离沪难民的安全，租用法商轮船，并

---

① 苏智良、金亚等 2015 年 6 月 11 日采访于上海周克老人寓所。

挂起了红十字旗帜。① 从以上这些文字我们无法确认饶家驹是否知道共产党与这些事件的关联，但有一点我们可以肯定，只要这些举措有利于难民，饶家驹都是支持的。

1938 年 8 月，从上海各个难民收容所走出来的数以千计的难民，陆续在十六铺上船，前往苏北投奔新四军。周克回忆，当时有 20 多个孩子也在其中，以后大多成为杰出人才，其中就有上海市原副市长杨堤。

《新民晚报》上曾刊载："1939 年九、十月间，由于日军在上海实行经济封锁，严格管制米、棉、煤等物资，加之物价飞涨，难民区经费日渐枯竭，供给越来越困难，不得不降低供应标准；同时动员有工作能力的难民自谋出路，并疏散部分人员回乡。共产党领导的上海慈联会以'疏散回乡'的名义，由饶家驹搞到两批通行证，输送难民中部分青年投奔新四军。此时，区内尚有难民 19209 人，收容所 88 个。"② 阮玛霞在其《饶家驹安全区——战时上海的难民》一书中据此称："在难民遣返工作进行之际，饶家驹安排 88 个年轻的难民在 1939 年参加了中国共产党领导的新四军。"③ 这无疑是对原报道的误解。

对于饶家驹为难民中的部分青年投奔新四军而搞到两批通行

---

① 黄慕兰：《黄慕兰自传》，中国大百科全书出版社 2012 年版，第 214、215 页。

② 金志刚：《法神父曾在沪收容 20 万难民》，《新民晚报》2005 年 6 月 18 日。

③ ［美］阮玛霞：《饶家驹安全区——战时上海的难民》，白华山译，江苏人民出版社 2011 年版，第 147 页。

2015 年 6 月 11 日，苏智良教授、上海人民广播电台金亚记者、王海鸥同学与上海电视台记者一起，拜访了当年主持上海地下党难民工作的百岁老人周克先生

（图片来源：王海鸥 2015 年摄）

1985 年，曾参加 1937—1939 年上海难民救助工作部分同志合影。右二为曾任中共江苏省委难民工作委员会书记的周克、左一为曾任国际救济会第一难民收容所所长的潘大成

（图片来源：潘光提供）

证的事情，周克先生表示自己并不清楚。周克先生讲，输送难民前后共有三次，难民去了几千人。头一批押船的是他的哥哥朱启銮。当时说是以垦荒的名义，实际上大部分都是到新四军去了。第一批 800 位坐船去新四军那里的人里边还没有南市难民区的难民，到第二批、第三批就有南市难民区的。这个事情饶家驹并不清楚，饶家驹只知道救济，他是从人道出发，同情难民，救助难民。①

---

①　苏智良、金亚、王海鸥等 2015 年 6 月 11 日采访于上海周克老人寓所。

资金与物资的募集

在美国募捐时，由于饶家驹熟悉中国抗战形势，罗斯福总统还特意会见了饶家驹。饶家驹不仅介绍了中国的抗战，特别详细讲述了他在上海这个远东城市，说服交战双方，建立世界上最大难民区的成功案例，当然也承认难民区所面临的困难。这次会面是相当成功的，在罗斯福总统的支持下，总数达70万美元的救济金由美国红十字会转付给中国。

要支撑这么一个庞大难民区的运转，没有大量的资金和物资的支持是不可能的。这首先要感谢上海各界个人和团体踊跃捐款捐物。在当时的报纸上，有大量的慈善团体和个人为难民区捐款捐物的报道。除此之外，饶家驹也为难民区争取到许多救济物资与资金，其善款来源包括中国政府、美国政府等，甚至还包括日本的一些官员。正是这来自多方面的援助，难民区在上海支撑了32个月，为30万中国难民提供救济与保护。

在难民区成立之初，难民的悲惨境遇得到很多普通民众的同情，他们积极地捐款捐物，为改善难民的境遇尽自己的微薄之力。宁波路的南园书场为援助南市难民，于 11 月 20 日举行一日助赈活动，将全日售票所得以及茶役小账，悉数购买高庄馒头，以救济该区难民。① 中国第一个旅游机构——陈光甫的中国旅行社同人鉴于难民风餐露宿、饥寒交迫，集资订购大批光饼转送难民区，并定制棉衣数百件分发给难民。② 糖业同业公会鉴于南市难民露宿街头，悲惨可悯，特向所属募集款项，购经济饼 6500 枚，送往国际救济会，转送南市福佑路点春堂内散发。宁波旅沪同乡会也以光饼 60000 枚分送南市难民。

难民最了解难民的痛苦，难民区之外的难民也纷纷节衣缩食，为难民区内的难民送去粮食。租界内"慈联会"设立的坤范收容所，鉴于南市难胞境遇凄惨，全体难民节食一天，将省下来的 233 枚面包，送交该会收容股代为分发给南市难胞。上海市救济会第二十一收容所全体难民，鉴于南市难民区的难民风餐露宿、无衣无食，决定节省一日的粮食，计麦粉 29 袋，转知该会给养组，设法运送至南市难民区发放。"八一三难民贩卖团"鉴于南市一带难胞饥寒交迫，特绝食一天，得资 6 元，购买

---

① 《南市难民区秩序日渐安定　警卫已有办法　医院陆续成立　昨日收容白莲泾难民千人》，《申报》1937 年 11 月 19 日。
② 《中国旅行社同人救济难民　捐助光饼棉衣》，《申报》1937 年 11 月 20 日。

大饼 600 余个，送交国际救济会分发各难胞。① 上海基督教联合会第九收容所的蔡吉乡牧师等，也发起难民救难民的善举，除由该所难民随意乐捐及节食一日蔬菜外，并由戚纪良、万传真、顾恩阐、浦秀英等男女教友沿途捐募，所得之钱款悉数购买馒头大饼，亲赴难民区，分途发给难民。② 这种难民救济难民的精神，尤其令人感动。

一处处大铁门隔开了租界与华界，但这并没有影响到租界内的居民、难民对租界外难民的救助。租界内各界热心人士，购买了大量的馒头大饼，送到铁门前。一个个馒头大饼如雨点般从租界内抛到铁门外，这便是难民们最渴望的口粮。还有一些热心人士为难民递去温水或热茶，难民们尤为感激。

一些慈善团体也经常为难民区的募捐，如上海市西联益会为接济难民区难民，特向各界劝募食品衣被，以便分别救济。1937年 11 月 21 日，饶家驹因为难民区内存量仅够两天所需，特致电上海市西联益会求援，恳请该会迅速筹集食品，以免粮食中断造成恐慌。在难民区成立的前期，难民的给养主要由上海国际红十字会和上海国际救济会承担；到后期，难民的给养及事务经费，由赈济委员会月拨两万元，以及法租界慈善奖券每月约三四万

---

① 《二十万难民仍处水深火热中　老弱妇孺悲苦万状　根本救济不容再缓》，《申报》1937 年 11 月 16 日。
② 《南市难民区用水问题解决　水管接通　井水可资汲用　各界关怀灾黎　捐输踊跃　饶神父与法当局商妥递送给养手续》，《申报》1937 年 11 月 14 日。

元，来进行维持。①

还有一些热心的慈善人士也为难民区的难民积极筹款。"烟画大王"冯孙眉的儿子、80 多岁的冯懿有在 2016 年回忆说："我的父亲当时是宁波同乡会第六小学校长，他作为同乡会秘书长参与了募捐活动的筹备工作。"1939 年 5 月 30 日的《大美晚报》，曾整版报道了展示香烟画片的"古今柬帖展览会"。这场筹款募捐活动上"名流荟萃"，谢晋元、虞洽卿、梅兰芳、黄金荣等人悉数到场。冯懿有回忆："展览举办了一周，尽管一张门票只有 3毛钱，却筹集到了三四千银元，后来父亲把所有钱都捐给了饶家驹难民所。"

难民区的救济资金也得到了在沪外侨的支持。美国海军陆战队的拳击队将其发售的慈善拳击卡的收入，由指挥官约翰·博蒙特将军捐给了饶家驹及其委员会。此项慈善拳击卡共有 3515 美元的收入，减去印刷票据、交给法租界的税收、服务人员的薪水以及报纸广告费用 883.25 美元，剩下的 2831.75 美元全部捐给了饶家驹的难民区。②1938 年，法国俱乐部举办了一个有许多著名人士参演的晚会，来支持饶家驹的救济工作。③

---

① 《饶神父从严彻究难民区舞弊案　目前区内尚有难民两万　按月经费给养足可维持》，《申报》1939 年 4 月 14 日。

② Beaumont Gives ＄2,831 Cheek To Jacquinot: Proceeds From Marines Boxing Card To Be Used For Relief, The China Press（1925—1938）, Jan.26, 1938.

③ French Club Plans Soiree In Aid of Jacquinot Relief, *The China Press*（1925—1938）, Apr.20, 1938.

上海"烟画大王"冯孙眉也曾援助难民，这
是冯孙眉与饶家驹的合影

（图片来源：冯孙眉之子冯懿有提供）

抗战时的梅兰芳避难上海法租界，蓄须明志。他不为日伪登场，但却为难民们多次慷慨解
囊。这是他携全家在马斯南路 121 号（今思南路 87 号）梅华诗屋的合影

（图片来源："京剧徐达"的博客）

　　饶家驹非常重视报纸媒体的号召力，报纸上对南市难民区情况的报道，为难民区带来了大量的慈善援助。但这些对于有着20万人的难民区来说还是不够，饶家驹经常想方设法，从不同渠道募集经费。在他的努力下，国民政府经由宋子文捐助南市难民区5万元①。1938年11月间，孔祥熙拨款5万元给饶家驹，并说明其中4万元为南市难民区监察委员会专用。日本华中方面军司令官松井石根和第三舰队司令官长谷川清，也各为难民区捐赠1万元②。饶家驹经常参加上海各界救济难民的活动，只要是能够扩大难民区的影响，对难民的救济有利，他总是乐呵呵地为募捐站台。1937年12月1日，为了救助上海难民，协助各医院救护事业，中国红十字会上海国际委员会发起红十字募捐周活动，在当晚的开幕式上，饶家驹报告了南市难民区的情况。③1939年5月31日，筹款济难之"古今柬帖展览会"，在宁波同乡会举行开幕典礼，饶家驹剪彩并致辞，称赞他们为难胞牺牲一切的精神，认为中国处于国难期，人人有救济同胞的作为，足见中国前途之光明。④饶家驹主持的难民区影响日益扩大，得到中外的一致赞

---

① 《南市难民区仍由救济会负责主持　目前地位并无变动　流浪难民昨已安置　国府捐助救济费五万元》，《申报》1937年11月18日。
② ［日］松本重治：《上海时代》，曹振威、沈中琦等译，上海书店出版社2005年版，第597页。
③ 《国际红会征求赞助员　昨红十字募捐周开幕　五百名护士街头募捐　颜大使亲临招待外宾　一周内拟先募一部分》，《申报》1937年12月2日。
④ 《柬帖展览开幕盛况　饶神父剪彩致词　谓中国日见光明》，《申报》1939年6月1日。

许，法国大使戈斯默（Cosme，又译高思默）对此颇为好奇，想一睹南市难民区及难民生活状况。1939 年 4 月 27 日，戈斯默偕同法驻沪总领事鲍黛芝（Baudeg）及随员两名前往参观。饶家驹及总办事处主任顾纶陪同，参观城隍庙大殿难民食粮仓库、晏海路第一难民医院、万竹街慈安医院及收容所十余所。大使对区内分区管理井然有序并重视区内清洁卫生颇为称许。① 1939 年 6 月 24 日，比利时大使伯龙（Bearon Guillaume）夫妇及英驻沪总领事费利浦夫妇等由饶家驹和顾纶带领参观难民区，对区内的卫生及管理等极加赞许，并为难民送去大量日常药品。②

为了让大家了解难民区，饶家驹和监察委员会的成员们特意出版了一本小册子，取名《饶家驹区的故事》，来介绍难民区。这本小册子有 48 页，包装精美。小册子有一个艺术的封面，用丝带缠着，长 11 英寸，宽 9 英寸。它售价 3 美元，但它实际的价值要远高于 3 美元。售卖这本小册子所得的收入全部用来减轻难民的痛苦。但在更深远的意义上，这本小册子的目的是为了增加人们对南市难民区的关注。③ 一般人们会对自己所了解的事物产生同情，这本小册子细致地介绍了难民的生存状况，以及委员会为改善他们的生存状况所做的努力，令读者在感叹之余，会发

---

① 《法大使参观难民区　颇为称许》，《申报》1939 年 4 月 28 日。
② 《比大使英总领参观南市难民区》，《申报》1939 年 6 月 25 日。
③ The Story of "the Jacquinot Zone", *The China Weekly Review*（1923—1950），Jun.4, 1938.

英文版《饶家驹区的故事》封面，这本书
应该是难民区监察委员会赠送给日本驻上
海总领事的，所以封面上留有总领事冈本
季正的印章。该书现藏于上海历史博物馆
（图片来源：上海历史博物馆藏）

法文版《饶家驹区的故事》的封面
（图片来源：上海市档案馆藏）

自内心地想去帮助这些可怜的人们。

尽管难民的生存问题是首要问题，但饶家驹的目光已不仅仅局限于此。他看到，难民区的难民一旦返回他们简陋落后的乡下的家时，他们需要资金来重新恢复农业生产。对于个人而言，所需费用无几，五六元钱就能提供给一个返乡农民充足的种子和农具，让他的小块土地再次获得丰收。但对于难民区内众多的农村难民来说，这就是一笔巨款。因此，这笔钱也必须要募集。而当时的上海经过战祸，工商业损失惨重，因此必须要到别的地方去募集资金。因此，饶家驹大胆地计划去海外进行募捐。1938 年 5 月，他先后去了美国和加拿大，为难民区筹集资金。

首先法国驻华大使馆给法国驻美大使馆发去了电报，希望安排饶家驹先生在美国的行程。法国大使向美国国务卿赫尔提出，中国红十字会上海国际委员会副主席饶家驹将来美访问，希望得到罗斯福总统接见，并介绍远东的战况等。另一个途径是上海公共租界工部局董事、美国商会会长普兰特先生也就饶家驹访美事向赫尔发出了电报。于是，赫尔满怀热情地做了安排，1938 年 5 月 13 日他指示下属指出："饶家驹神父是上海杰出的法国耶稣会神父。他是南市安全区的创建者，这个区域是饶家驹在中日当局之间斡旋的结果。这个区域庇护了 30 万难民，尽管中日间的战争就发生在离这儿几百码的地方。南市安全区现在仍作为一个难民区域运行着。"饶家驹"到访的目

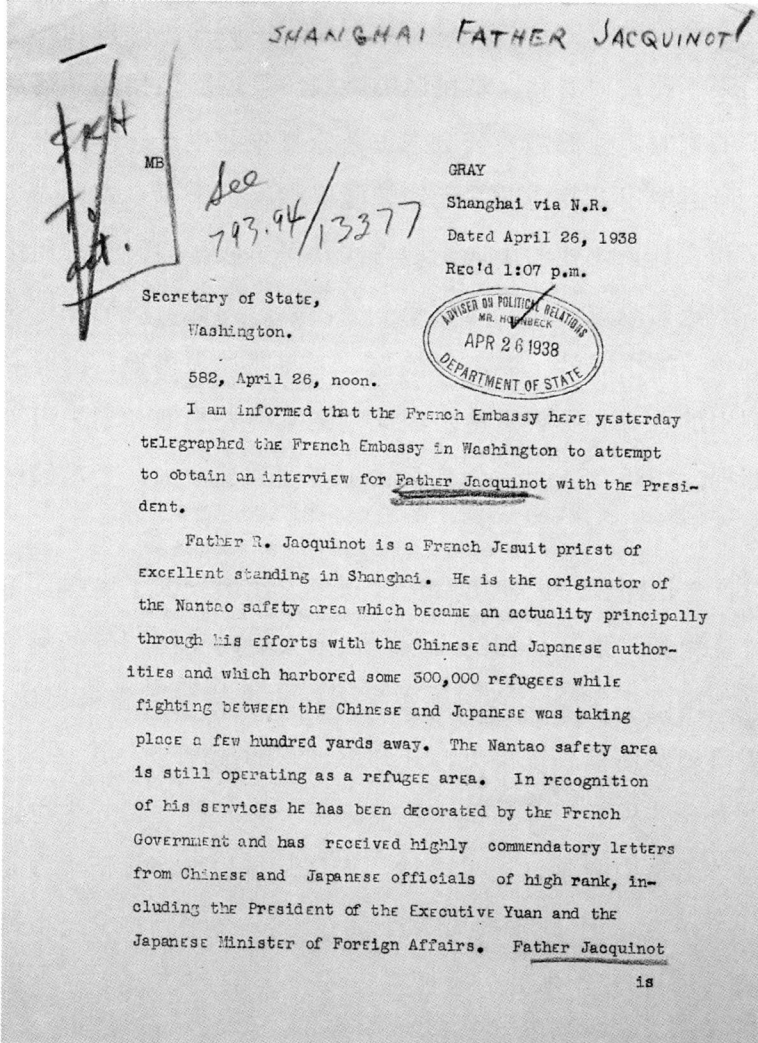

SHANGHAI FATHER JACQUINOT

MB

See
793.94/13377

Secretary of State,
Washington.

582, April 26, noon.

GRAY

Shanghai via N.R.
Dated April 26, 1938
Rec'd 1:07 p.m.

ADVISER ON POLITICAL RELATIONS
MR. HORNBECK
APR 26 1938
DEPARTMENT OF STATE

I am informed that the French Embassy here yesterday
telegraphed the French Embassy in Washington to attempt
to obtain an interview for Father Jacquinot with the President.

Father R. Jacquinot is a French Jesuit priest of
excellent standing in Shanghai. He is the originator of
the Nantao safety area which became an actuality principally
through his efforts with the Chinese and Japanese authorities and which harbored some 300,000 refugees while
fighting between the Chinese and Japanese was taking
place a few hundred yards away. The Nantao safety area
is still operating as a refugee area. In recognition
of his services he has been decorated by the French
Government and has received highly commendatory letters
from Chinese and Japanese officials of high rank, including the President of the Executive Yuan and the
Japanese Minister of Foreign Affairs. Father Jacquinot

is

美国国务卿赫尔关于饶家驹访美的信函
（图片来源：斯坦福大学藏）

的是与美国红十字会和中国饥荒救济组织协商解决中国难民的困境。"①

5月22日，饶家驹来到了华盛顿，国务卿赫尔立即安排他与罗斯福总统会面。饶家驹不仅向罗斯福总结介绍了中国的抗战，特别详细讲述了他在上海这个远东城市，说服交战双方，建立世界上最大难民区的成功案例，当然也承认难民区所面临的困难。这次会面是相当成功的，在罗斯福统的支持下，总数达70万美元的救济金由美国红十字会转付给中国，美国政府还表示还会有更多的救济金转到中国。②此外，罗斯福总统还将本该被处理倾倒的小麦运到上海，并且由美国红十字会提供免费的运输。这样一来，难民们就有了大量的小麦来充饥了。饶家驹告诉记者，他在美国筹集到70万美元，在加拿大也筹集到了相同的数额。③饶家驹还告诉记者，整个6月份，在美国1600个城市发起的"一碗饭"运动，已经为中国的难民募集到100万美元。④

由于资料的缺乏，饶家驹在美国和加拿大募捐来的钱到底有

① 《赫尔关于饶家驹访美的信函》，斯坦福大学藏，BOX NO.226. ACCESSION NO.61008-9.25/26.

② Father Jacquinot Returns, The North-China Herald and Supreme Court & Consular Gazette(1870-1941), Aug.3,1938.

③ Jacquinot due in City aboard Empress of Asia, The China Press (1925-1938), Jul.22, 1938.

④ China Relief Drives Given Big Response in America, The China Press (1925-1938), Jul.6, 1938.

多少投入到南市难民区目前尚不能精确统计，但可以想见的是，这一笔巨款中的相当部分用在了南市难民区，使得难民区得以继续维持，难民们的生活有了改善。

第 四 章

难民们的
日常生活

　　难民区的管理者们尽心尽力地为难民们提供衣食住行等各方面的
便利，以使他们尽量能够过上正常的生活。那么难民们在难民区的生
活具体是什么样的？曾在难民区生活过的人们，又是如何来描述他们
那一段特殊的经历的呢？

民以食为天

难民区建立一段时间后，难民所里面按人口数量供给食米，区内贫困的居民也可以领到米。这个米看上去是米仓漏下来的米，根据所里难民的人数发米。不管大人小孩，每人发给一罐头的米，不满一斤，有8两左右。

俗话说："民以食为天"，吃饭对于难民来说是个大问题。在难民逃难时，大多会带一点干粮，但失去了生活来源的难民们，在干粮吃完后，就只能靠慈善团体和慈善人士的救济了。

生活在难民收容所的难民，每天可以得到一些口粮。李秀凤老人讲，难民收容所每天会发面包、馒头等东西，热的饭食是没有的，至于一天发两次还是三次老人也记不清楚了，但是每天都会有人来发。在收容所待了一段时间后，李秀凤的父亲觉得在难民区没有生活来源，只靠在收容所里领一些大饼馒头也不是办法，就设法从铁门爬进法租界。后来，李秀凤和弟弟妹妹们设法哀求守门的巡捕，也进入了法租界。[1] 杨福保老人回忆，难民所早上好像是有粥的，他们能够吃到，吃了一顿后也就不觉得饿了。时间一长，这种粥就没有了。当时民国路法租界那边会有好心人扔吃的过来。听说当时租界内的一些媒体如电台、小报呼吁大家给南市难民所里饿肚子的中国同胞送吃的。但由于铁门是关闭的，租界里的人没有办法直接将食物送给难民。因此，馒头少的话，租界的热心居民就把馒头一个一个从铁门上面扔过来，多的话就用绳子穿好扔过来。[2] 张国椿记得，他的父亲有个商人朋友，在法租界今人民路四川路的地方开了个颜料店，有一次父亲买了一麻袋的馒头，到颜料店的阳台把馒头扔给下面的难民吃。[3]

　　租界这边扔馒头，难民区这边的难民自然就开始"抢馒头"。许多老人还记得当时抢馒头的情景。王晓梅老人讲，自己当时还小，父母一般不出去，所以姐妹几个就去东新桥[4]那个地方捡馒头。当时年纪小，不敢在人堆里挤，即使挤也挤不过人家，只好把阳伞撑开倒着拿，这样就可以多接几只馒头，否则家里人多，不够吃。当时城隍庙附近得意楼茶馆那边，也有施粥施饭的，是

---

[1]　金亚、余娟、李磊、王海鸥 2015 年 5 月 8 日采访于上海李秀凤老人家中。

[2]　上海东方广播电台《拯救历史的记忆——南市难民区的故事》节目主持人金亚提供。

[3]　上海东方广播电台《拯救历史的记忆——南市难民区的故事》节目主持人金亚提供。

[4]　今浙江南路人民路。

好心人烧好后拿过去的，王晓梅和姐妹们就每人拿一个碗过去。除了饭以外还有菜，菜就是青豆、萝卜干。① 刘复田老人也见到过捡馒头的景象。当时法租界的中国人买了很多大饼，从法租界靠民国路一侧的窗口把大饼往下扔。有些饼掉在地上，沾了大便，饥饿的人们也照样吃。② 钱沁芳老人也讲道，父亲和母亲带着生病的弟弟挤到法租界里面后，自己带着两个妹妹就在民国路上转悠，等待着铁门开放，好进入租界与父母会合，饿了就捡掉在地上人家不要的馒头大饼吃，那时候也没有自来水管，也顾不得地上的馒头大饼干不干净，捡起来就吃。③

陈瑞玉阿婆记得，难民区刚开始的时候，每几天会发一次面包。工作人员们到一个地方来发，然后大家一起去领。到圣诞节的时候还会有外国人拿着礼品到难民区里面来。有时还会有大使馆的人到难民区来。④《饶家驹区的故事》中记载，圣方济各会的修女们每天会为孩子们发 1000 份全麦面包。这种面包，让小孩子们成群结队地盼着等着。一位法国修女，从篮底拿出最后一部分面包，用蹩脚的英语说："这篮子应当有，怎么说呢？没有结束。（即取之不尽，用之不竭）"时至今日，老人已记不得是谁

① 苏智良、王海鸥、陈斌 2014 年 10 月 23 日采访于王晓梅老人所属的上海广福居委会；王海鸥、蔡晓琛、张璐怡 2014 年 12 月 21 日采访于上海王晓梅老人家中。

② 王海鸥、马培 2014 年 11 月 24 日、12 月 2 日采访于上海刘复田老人家中。

③ 王海鸥、陈斌 2015 年 6 月 25 日采访于福建福州市鼓楼养老院。

④ 王海鸥、陈斌 2015 年 4 月 20 日采访于上海陈瑞玉老人家中。

为他们发的面包，但是这些面包当时却让像陈瑞玉这样的孩子欢欣鼓舞，度过苦难的岁月。

难民区建立一段时间后，难民所里面按人口数量供给食米，区内贫困的居民也可以领到米。这也得到了老人的证实。据俞光辉老人回忆，总部里的人来过后，他们就每星期去总部领米。这个米看上去是米仓漏下来的米，根据所里难民的人数发米。不管大人小孩，每人发给一罐头的米，不满一斤，有 8 两左右。像俞光辉这样的管理人员可以领到 3 罐头的米，也就相当于工资了。[①] 难民区监察委员会出版的小册子中，也记录着当时难民营的头头和一些贫困的居民带着票券到发放中心领米，每人每天能领到大约一磅[②] 的大米。分发者坐在桌子边，票券被一一盖章和打孔，大米从一堆麻袋中被舀出倒入到难民者的袋子里。从当时的一些视频资料里也可以看到，人们在用绳子圈起来的区域里排队领米，妇女们提着篮子、袋子，随着队伍的移动向前走，满脸欣喜。[③]

一开始，难民区监察委员会除了大米之外无法为难民发放其他东西。当饶家驹在美国募捐的时候，他认识到为了防止价格下跌，小麦的生产商将会大量处理这种宝贵的作物。他马上前往会

① 上海东方广播电台《拯救历史的记忆——南市难民区的故事》节目主持人金亚提供。
② 根据现在的算法，一磅大约等于 0.9 斤，差不多是 9 两。
③ 《上海法租界公董局警务处关于南市难民区的材料》，上海档案馆藏，档案号：U38-2-1189，李君益译。

见罗斯福总统并提出请求，结果罗斯福总统将本该被处理倾倒的小麦运到中国，慷慨地交给饶家驹来支配，全部投入到国际红十字会工作中。美国红十字会为这批小麦从美国运到中国提供了免费运输。不幸的是，1939 年年底，由于欧战的原因，这些货物的运送被中断了。有一个记录说，尽管饶家驹为难民们争取到了这些粮食，但起初由于难民区里的难民大多是南方人，他们习惯了吃大米，不喜欢小麦；不久之后，他们逐渐习惯了小麦，开始饶有兴致地围观小麦发放中心。[①] 其实，这并不是什么大问题，因为上海人日常生活是离不开大饼油条的，这些都是小麦粉做的。

　　1938 年 12 月，红卍字会鉴于难民区中的难民有国际救济会发给米粮救济，而随着形势变化从难民区外逐渐回到难民区的居民却没有得到救济，因而开办了一个施粥厂，由陶山咸主事，调查居民户口，为极贫苦的居民发给领粥证，到粥厂领粥，平均每日领粥者有 600 人以上。[②]12 月正是寒冬时节，施粥既能暖体活神，又能充饥解饿。施粥时间是在每日上午 7 时至 8 时。[③] 傅剑秋老人的祖父，就曾参与过施粥的工作。傅剑秋的祖父叫傅瀛

[①]　《上海法租界公董局警务处关于南市难民区的材料》，上海档案馆藏，档案号：U38-2-1189，李君益译。

[②]　世界红卍字会中华东南各会联合总办事处编：《赈救工作报告书》，出版地和出版时间不详，上海图书馆藏。

[③]　《世界红卍字会上海分会南市施粥细则等》，上海档案馆藏，档案号：Q120-4-214。

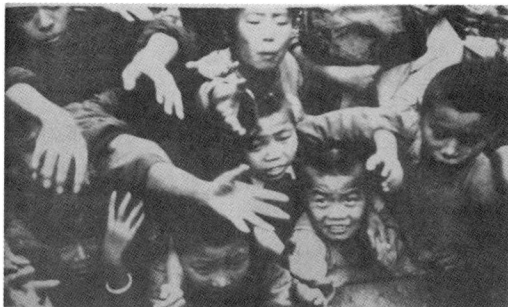

《法文上海日报》记者在南市难民区一处配给处，拍摄到的儿童们一双双渴望的手

（图片来源：*le Journal de Shanghai*，1937 年 11 月 21 日，第 3 版）

现今已 93 岁高龄的李秀凤老人，讲起 70 多年前的难民区往事，仍对饶家驹等心存感激

（图片来源：王海鸥 2015 年摄）

陈瑞玉阿婆为调查者陈斌、王海鸥讲述难民区的往事

（图片来源：王海鸥 2014 年摄）

难民们在等待领面包。难民区里有时候会给难民们发放面包，图为难民们等待领取面包的场景

（图片来源：*le Journal de Shanghai*，1937 年 11 月 21 日，第 3 版）

在城隍庙分发从美国运来的小麦的一组照片

（图片来源：《上海法租界公董局警务处关于南市难民区的材料》，上海档案馆藏，档案号：U38-2-1189）

已 88 岁的傅剑秋老人仍清楚地记得当年难民区的往事

（图片来源：王海鸥 2015 年摄）

城隍庙里正在分发大米，图为难民们领米的场景

（图片来源：《上海法租界公董局警务处关于南市难民区的材料》，上海档案馆藏，档案号：U38-2-1189）

三，曾在救火会做过一些文案工作。1939 年春天，南市区与法租界间的铁门关闭了很久，难民区里的生活变得很困难。傅剑秋清楚地记得，自己的一个邻居已经饿得到处捉老鼠吃了。于是，米业公会的人和当时一些有钱的人就拿出一部分粮食，用来施粥。这件事情由傅剑秋老人的祖父傅瀛三经办。他找了 6 个人，每天半夜起来，在春风得意楼茶馆的大厨房烧粥。粥烧好了以后，倒进 6 个可以容纳 7 石米的大缸中，在现在的豫园入口处进行施粥。难民们在领粥之前要排队，排队的时候每个人会领到一个粥筹。粥筹上面烫着印，表示这是施粥用的。为了保证已经领过粥的人不会再去领，粥筹发光后，排队也就结束了。这个方法使得施粥时秩序井然，每天来领粥的有 200 多人，在不到两个小时的时间里，这 6 大缸粥就被领光了。当时，还是个小男孩的傅剑秋每天早上也去排队领粥。负责发粥的人知道他是傅瀛三的孙子，就会给他碗里的粥打满，这便是他和母亲、祖父三人的早饭。这样的施粥持续了一个多月。难民区里施粥的地方不只这一处，其他地方也有。当时傅剑秋也看到许多工作人员戴着红卍字的袖章，但是其祖父与红卍字会有何关系，他也不大清楚。①

还有很多难民提到"跑单帮"的经历。傅剑秋老人讲，由于难民区里米粮很紧张，就有人做起了跑单帮的买卖。跑单帮的人穿一个类似于羽绒背心的衣服，把米灌在背心里，外面再套上衣

---

① 金亚、余娟、李磊、王海鸥 2015 年 5 月 14 日采访于上海傅剑秋老人家中。

服，把米偷偷地运进来。当时进难民区的时候还要搜身，如果偷偷带米被日本兵发现了，就要被带到宪兵队去盘问。[①] 刘复田老人也提到，自己的叔叔和几个朋友去郊区买米，把米包在棉袄里想带回难民区。进铁门时日本兵要进行搜查，看到叔父衣服里鼓鼓囊囊的，就用刺刀刺过去，米就撒了出来。他叔叔就被带到一个像堡垒一样的地方关了起来。他的父亲知道自己的弟弟被关起来后，托了很多关系才把人给保出来。[②] 王晓梅也曾和兄弟姐妹们去郊外买米，但米不能带进难民区里。他们就把米藏在帽子里走进来，结果还是被发现了。不过还好，他们最终只是把米给倒出来上交，并没有挨打。[③]

　　水是生命的根本，难民区里还曾发生过缺水的危机。由于供水渠道阻断，难民区缺水十分严重，所以很多难民只得到难民区对面法租界的消防水龙头那儿取水。一个叫阿苹的小女孩由于邻居奶奶瘫痪在床，于是提着小水壶去帮奶奶打水。在打水时，日本兵突然来了，难民们纷纷逃回，但阿苹被抓住了。日本兵要她把刚盛满的水倒掉，阿苹不肯，抢夺之中日本兵推着阿苹的头往消防龙头上撞，结果小难童阿苹当场死亡。悲愤的饶家驹等立即开会，决定以南市难民区监察委员会的名义，在阿苹丧生的水龙

① 金亚、余娟、李磊、王海鸥 2015 年 5 月 14 日采访于上海傅剑秋老人家中。
② 王海鸥、马培 2014 年 11 月 24 日、12 月 2 日采访于上海刘复田老人家中。
③ 苏智良、王海鸥、陈斌 2014 年 10 月 23 日采访于王晓梅老人所属的上海广福居委会；王海鸥、蔡晓琛、张璐怡 2014 年 12 月 21 日采访于上海王晓梅老人家中。

头前为阿苹举行葬礼。阿苹的葬礼聚集了很多难民，刚开始就引来了日军的阻挠。日军无礼地要求难民们接受检查。这时，饶家驹出面向日军中佐池田表示抗议。就在双方僵持不下时，日本通讯社上海分社的副社长高桥来找饶家驹，向其转达冈本总领事对中国难民阿苹之死的歉意和慰问，并出于人道捐款 1000 日元。高桥制止了军官池田的搜查行为，这样，在日军机枪的"保护"下，阿苹的葬礼在血迹未干的水龙头前举行。在阿苹之死发生几天后，法租界同意向难民区供水，并宣布准备发行 45000 美元的慈善奖券用于难民区。①

　　据傅剑秋老人回忆，他住的那一块地方自来水是没有的，用水只能从城隍庙的荷花池里面用水桶去吊水，吊上来倒在水缸里，然后放一点明矾，沉淀一下，就用来吃。其实荷花池本身很脏，有的时候难民受不了了，跳到荷花池里淹死了，尸体就漂在水上。王晓梅老人讲，在难民区里一般喝自来水，有时也喝井水。家里斜门口就有井，洗衣服、洗菜用的是井水，井水喝起来有点咸。有的地方自来水还要买，拿个桶去买，一个铜板一桶。后来随着城市的发展这些井都被填掉了。余阿姣老人讲，当时她们住在难民区安仁街，这里连吃的水都没有，没有自来水，弄堂里面倒是有几口井，所有人都只能靠井水生活。但日军也到弄堂里的井里取水，她们不敢跟日本兵一块儿打水，所以有时就没有

---

① 孙建伟：《我心向圣》，《东方剑》2014 年第 3 期。

水喝了。[1] 罗荣华老人记得曾在难民区缺水的时候到小东门去挑水，挑水的时候只能沿着方浜路靠北的一边走。日本人在方浜路光启路口设有岗哨，罗荣华挑水回来要经过日军的这个岗哨，日本人要让他先喝一碗水桶里的水，然后就命令他把水桶里的水挑到日军那里去；在供应完这些日军后，罗荣华才能再去挑水进难民区。[2]

①　王海鸥、胡浩磊、陈斌 2014 年 10 月 17 日、10 月 23 日采访于上海余阿姣老人家。

②　上海东方广播电台《拯救历史的记忆——南市难民区的故事》节目主持人金亚提供。

住房与衣着

1938 年 11 月 9 日，难民区正式开放一周年之际，南市难民区监察委员会在《申报》上刊登"难民一身之外、别无长物，严冬瞬届，难免冰雪侵凌，特广事征募寒衣捐款及捐赠制就或破旧衣服。经统计尚缺棉衣的二万三四千套、棉被一万余条"的消息。

难民们来到难民区后，首先要解决的便是衣食住行的问题。在逃难时，大多数难民都带了干粮和几件衣服，但时间一久，粮食吃完了，天气又逐渐转寒，难民的衣食就成了大问题。当时的难民们是如何解决衣食住行方面的问题呢？

首先来说住的问题。钱沁芳老人当时和两个妹妹钱心萍、钱心葆以及同村的人住在三牌楼路的养正小学内，战争时期学校里已不上课了，睡觉的时候大家把课桌拼一拼，就当作床了。① 李

---

① 王海鸥、陈斌 2015 年 6 月 25 日采访于福建福州鼓楼养老院。

位于北王医马弄 24 号的这
幢民居在南市难民区时期
曾是一处难民收容所。据
86 岁的王晓梅阿婆讲，她
小时候为躲避日军对妇女
的暴行，晚上经常与姐姐
在这里过夜

（陈斌 2014 年摄）

秀凤老人住在上海面粉交易所里，这里已成为难民收容所。这幢
建筑共有 5 层，李秀凤老人住在第 5 层。收容所里也没有床，大
家就一个挨一个地打地铺，睡在地铺上。① 杨福保老人当时带着
两个弟弟被安排在城隍庙的大假山上，做了一回孙行者，但在寒

---

① 金亚、余娟、李磊、王海鸥 2015 年 5 月 8 日采访于上海李秀凤老人家中。

气逼人的冬天，那滋味是非常不好受的。罗荣华老人就睡在城隍
庙九曲桥附近的过街楼下面，当时过街楼下面挤满了难民，难民
们一个挨一个，挤得满满当当的。

在难民区里还有一些老居民，比如王晓梅老人、陈瑞玉老人
及其家人们，他们一般住在自己家里。但王晓梅老人提到，由
于自己家离方浜路的日军岗哨很近，日军在晚上会潜入难民区
抓"花姑娘"，南王医马弄 27 号的一个女住户就被日军抓住，在
弄堂口被强奸了。年幼的王晓梅就和姐姐因此不敢在家里睡，到
了晚上父母就叫两个女儿带着草席去隔着两条弄堂的一个难民收
容所里睡觉。① 陈瑞玉老人也提到，自己家对面的南王医马弄 62
号的一个女子被日本兵强奸的往事。②

还有一些人是在难民区开放一段时间后，从租界搬到难民区
居住的，比如刘复田和傅剑秋。刘复田老人在战事发生后，经父
亲朋友的介绍住在法租界金神父路（今瑞金一路）步高里，后来
其父亲与赵朴初商量后，又回到了南市，住在难民区西北部的青
莲庵。当时青莲庵也是个难民收容所，分上下两层，他和父亲
住在楼上，难民们住在楼下。③ 而傅剑秋老人起初住在租界，后
来因为战事爆发后租界内房租上涨，所以傅先生一家就搬到难民

---

①　苏智良、王海鸥、陈斌 2014 年 10 月 23 日采访于王晓梅老人所属的上海
　　广福居委会；王海鸥、蔡晓琛、张璐怡 2014 年 12 月 21 日采访于上海王晓
　　梅老人家中。

②　王海鸥、陈斌 2015 年 4 月 20 日采访于上海陈瑞玉老人家中。

③　王海鸥、马培 2014 年 11 月 24 日、12 月 2 日采访于上海刘复田老人家中。

区中居住。在难民区内，他们借住在邑庙路 205 号亲戚家的一间房子里。傅先生还去过一处难民收容所，他看到难民们就直接睡在地上，好一点的可以睡在地板上，没有地板就只能睡在水泥地上，由于人多，难民们住得十分拥挤。[①] 王凤英老人讲，当时城隍庙二楼阎王殿、三楼星宿殿，住的全是难民，难民们大多随地睡睡，有的连睡的空间也没有，就倚在柱墙边。[②] 这时的城隍神真正成了子民的庇护神了。

　　93 岁的俞光辉老人年轻时还曾参与管理过一处难民收容所。这处收容所就设在豫园内的糖业小学。起初，难民们拖家带口来到这里。由于战争，这里的人都跑光了。这个地方本来是所学校，有教师办公室，有门房。有几个年纪大些的人就商量，请难民们安静下来，登记姓名和人数。有一个人专门住在门房，负责登记新进来的难民。这样过了一段时间，难民所里就比较有秩序了。在俞光辉和另外几个人自发管理难民所几个礼拜后，难民区的总部派人过来了解情况。总部来的人戴着袖章，一个红十字旁边有个蓝的圈[③]。他们带来两样东西，先是为这里的几个管理员发了红袖章，然后为这个收容所挂了第 83 号收容所的牌子。难民所里面的设施非常简陋，没有分隔的房间，两根木头撑

---

① 　金亚、余娟、李磊、王海鸥 2015 年 5 月 14 日采访于上海傅剑秋老人家中。
② 　上海东方广播电台《拯救历史的记忆——南市难民区的故事》节目主持人
　　金亚提供。
③ 　听俞光辉老人的描述，这种袖章应该就是上海国际救济会的袖章，但采访
　　时由于老人眼睛已经看不清楚东西，无法让老人亲眼确认。

起一块板，就是简单的床铺。难民们看到有空的地方，就用被子把床铺占着。难民所里人数最多时大概有 200 个人。但由于条件比较差，有条件的难民就会去找更好的地方，所以人员流动比较大。①

在难民区里，由于原先一些居民已经逃往租界或别的地方，所以他们的空屋很快被作为收容所给难民居住了。1940 年后，随着南市逐渐开放和市面稳定，一些房屋原来的房主要求难民迁出，意图厚利出租。一些业主甚至直接致函饶家驹，催促其将难民迁往别处。对此，饶家驹请办事处答复云："查南市半壁城厢，在中日战事之中得以保存无毁者，全赖中日双方政府同意将南市一部分划为难民区域，充作收容难民之用。盖中国屋主，应同情中国灾黎居住，方能表现其应尽之义务。惟嘱迁让一节，目前殊难照办。"②有人批评这些业主："饶神父为难民奔走而得保全的这半壁城厢，现在居然'要求迁让'，其不怕面上发爆乎？"③一个法国人费尽千辛万苦地去保护这些中国难民，而一些中国业主为了一己之私，要赶走这些难民，以致饶家驹只能用"中国屋主应同情中国灾黎居住，方能表现其应尽义务"来劝告这些业主，许多中国人为这些业主的见利忘义感到羞愧。

---

① 金亚、王海鸥等 2015 年 7 月 14 日采访于上海俞光辉老人家中，下文俞光辉老人的叙述均出于此次采访。
② 《难民区房产业主应尽义务》，《申报》1940 年 4 月 2 日。
③ 不仁：《"中国屋主应同情中国灾黎"》，《申报》1940 年 4 月 3 日。

1937 年战争刚发生的时候还是炎炎夏日，很多难民没有想到战争会持续很久，或是逃难逃得比较匆忙，没有携带冬天的衣物。对于难民区里原来的居民来说，衣服不是个大问题。但对于逃难而来的难民来说，11 月的天气日渐寒冷，离开了熟悉的家园的难民缺少御寒的衣物，境遇十分悲惨。曾有文章描写了南市街头的一群难民，"男的多半光着头，难得有几个戴着一顶破毡帽的……女的都还穿着短袖的衫，露出两条冻得发红的臂。有的还弯着紫红的瘦臂，抱着一个孩子在颤抖。也有半开着胸膛喂奶的，鼻孔里淌着涕水，显然是受寒了！更有搀着孩子的手，哭丧着脸，脚趾冻得发痛而在不停地踏脚。孩子们本来是会说会笑，爱跑，爱跳，然而在炮火底下挣扎了出来，却也像大人们一般懂得生活的艰难，焦虑而沉默起来，贴紧在他们可怜的爸或妈的身边，似乎失去蹦蹦跳跳的本能了。"[1]

自难民区建立以后，上海的报纸上就刊登了很多为难民征募寒衣的启事。1938 年 11 月 9 日，难民区正式开放一周年之际，南市难民区监察委员会在《申报》上刊登"难民一身之外、别无长物，严冬瞬届，难免冰雪侵凌，特广事征募寒衣捐款及捐赠制就或破旧衣服。经统计尚缺棉衣的二万三四千套、棉被一万余条"的消息。[2] 当时上海地区难民的衣物，很多是由饶家驹所在

---

[1]　中国报告文学丛书编辑委员会编：《中国报告文学丛书　第 2 辑　第 4 分册》，长江文艺出版社 1983 年版，第 81 页。

[2]　《南市难民征募寒衣》，《申报》1938 年 11 月 9 日。

糖业公会由南市糖业同业公所于 1930 年改组而成，其办事处设在豫园点春堂内。这里曾
是小刀会暴动的指挥部，而这时却成了难民的庇护所

（陈斌 2014 年摄）

《新闻报》刊发的南市
难民区中的生活场景。
（上右）九亩地难民之
拥挤情形。（下右）难
民在用餐。（上左）炊
事夫在工作。（下左）
出卖旧货的地摊

（图片来源：《新闻
报》1938 年 1 月 25 日）

的上海国际红十字会救济委员会下设的难民衣服部负责，具体的事务由徐亦蓁、黄丽明、黄定慧、曹国才夫人朱觉方女士组织的委员会处理。企业家刘鸿生等为难民捐助了价值 5 万元的布料棉花，徐亦蓁等应饶家驹的嘱咐，将其缝制为棉衣裤，供南市难民区及租界各收容所难民之用。《申报》上曾报道，沪上名医牛惠生的夫人徐亦蓁为难民区捐赠棉衣 3 万套，许多学者曾引用了这一报道，但值得注意的是，徐亦蓁后来发表声明，表示至 1937 年 11 月底，她们一共为 70 余所难民收容所发放衣服 2 万余件，她们计划先用刘鸿生等捐助的布料棉花做第一批 1 万套衣服，《申报》上报道其为南市难民区捐赠 3 万套棉衣，可能是上述事情的讹误。① 当然，徐亦蓁她们尽力为难民缝制和发放 2 万余件棉衣裤，使他们免于冰雪侵凌，已是极大的善举了。

难民区监察委员会在分发衣物时，会先派遣督察专员分头在区内调查缺乏寒衣者，之后再按名发放寒衣。为防止难民中的不良分子领取寒衣后变卖金钱牟利，监察委员会通知各收容所一旦发现买卖寒衣者，应予以严惩。② 除了这些有组织的发放寒衣外，据刘复田老人回忆，在北风呼啸的民国路上，有许多法租界的居民把家中的衣服抛下来给难民，不管是衬衫、棉袄还是短裤，都通通扔下来给难民穿。

---

① 《牛惠生夫人来函声明捐衣真相》，《申报》1937 年 12 月 2 日。
② 《南市难民区寒衣筹妥八千套　但尚未发放》，《申报》1939 年 11 月 28 日。

医疗和卫生

　　红十字会在城隍庙设立了南市临时施诊所，以素香斋为门诊处，群玉楼为中医病室，四美轩为西医病室，得意楼为医师职员宿舍，1937 年 12 月 1 日正式开诊。

　　钱沁芳老人和李秀凤老人都提到自己的弟弟生病了，所以要想方设法地去租界看病。由于她们较早进入难民区，当时难民区的各种设施还不完善，所以她们在难民区里找不到医生。李秀凤老人还提到，难民所里和她隔了几个床的人生病了，很瘦，肚子很大很大，后来就听说这个人死了。一般情况下，人生病了，就很难活下来。[①] 即便如此，初期难民区里还是有人在帮助患病的难民。1937 年 11 月 16 日，红卍字会的办事员在收容所里调查时，发现徐桂英、钟金英两名妇女和男孩王根生病危，随即用运粮车

———————————
① 金亚、余娟、李磊、王海鸥 2015 年 5 月 8 日采访于上海李秀凤老人家中。

送到总会去治疗。①

　　一段时间后，难民区里的医疗服务逐渐完善起来。国际救济会在城隍庙设立了临时医院，由红十字会医生诊治。王晓梅老人记得难民区里有个红十字会医院，看病是不收钱的。有一次她的一个堂哥在三牌楼帮别人干活时，头部被炸弹碎片划破，就去红十字会医院包扎。还有一次她的小妹不舒服，手上长了一个疔，发着高烧，也是去的这个医院治疗的。但医生为小妹开刀后，小妹的病情并未好转，后来她母亲送小妹去看中医时，不幸的小妹在黄包车上过世了。② 这件事给王晓梅老人以刻骨铭心的记忆，老人至今回想起来仍唏嘘不已。战争导致多少人失去了生命，又带给多少人一生难以忘却的痛苦回忆，生活在和平时代的我们更应该珍惜这来之不易的和平生活。

　　难民区里有一家慈安产科医院，位于邑庙区晏海路 178 号（今河南南路 246 号），由比利时的海尔波创办于 1937 年 11 月。陈瑞玉老人曾在这家医院里做过护工。当时为了补贴家用，陈瑞玉的母亲让她去应聘慈安产科医院的护工，由于她当时只有 14岁，在应聘时母亲还特意把她的年龄报大了几岁。在这所医院里，有专业的医生和护士，陈瑞玉做的是简单的护理工作，照顾

---

① 《世界红卍字会南市临时难民所办事处报告书》，上海档案馆藏，档案号：Q120-4-186。

② 苏智良、王海鸥、陈斌 2014 年 10 月 23 日采访于王晓梅老人所属的上海广福居委会；王海鸥、蔡晓琛、张璐怡 2014 年 12 月 21 日采访于上海王晓梅老人家中。

产妇，比如帮她们洗洗澡之类的。产妇们在生小孩之前就住到医院，在生小孩后有的身体好的就直接出院了，有的还会在医院里待一段时间。产妇们在医院里生小孩是不需要花钱的。担任护工的陈瑞玉当时一个月可以领到 5 块钱的工资，但对于家里来说，这点工资还是微薄的。①

红卍字会在城隍庙设立了南市临时施诊所，以素香斋为门诊处，群玉楼为中医病室，四美轩为西医病室，得意楼为医师职员宿舍，1937 年 12 月 1 日正式开诊。中医病室和西医病室各有病床 30 张，男女分隔。职员医师护士共有 21 人。施诊所设所长 1 人，督理一切事务，中医组设主任 1 人、副主任 1 人、医师及助理医师若干、护士长 1 人、护士及司药若干人；西医组人员设置与中医组相同，只是司药变为药剂士。② 这小小的名称的变化，也体现了中西医在用药方面的不同。

临时施诊所订有完善的组织章程："一、本所以治疗难民病症为主旨；二、凡来所就诊之难民，除诊断给药外，其病症特重者得留所疗养；三、本所对于入所疗养者，应将姓名、籍贯、年龄、职业、病状等项填注册内，发给编号并盖用戳记之识别证悬于左襟；四、凡入所疗养者，勿论何人，除随身衣物外，不得携

---

① 王海鸥、陈斌 2015 年 4 月 20 日采访于上海陈瑞玉老人家中。
② 《世界红卍字会中华东南各会联合总办事处关于办理南市临时施诊所聘请职医人员和该所各项章程、细则、职员名册以及结束该所等问题的函开支预算书》，上海档案馆藏，档案号：Q120-4-168。

带违禁物品，违者不收；五、凡入所疗养者，均应遵守本所养病规则；六、凡入所疗养者，所有饮食医药各费均由本所供给之；七、本所职员对于住所病人应本道慈宗旨，随时演讲感化，俾得精神上之安慰，其医师护士对于病人之言语举动应加意体贴；八、入所参观者须得医师许可，由事务员引导之，否则婉言谢绝，病人亲友要求接见者亦同；九、凡病人亲友经医师允可接见者，必须照章挂号，由事务员引导接见，但不得多时流连或高声谈话；十、本所职员除照章服务外，不得对于病人谈论时事或允其祖护之请求；十一、本所事务员及医师护士均须分班值夜，其巡更由夫役任之；十二、凡入所疗养者病愈后应即行出所；十三、凡有对于本所输助财物者，应立时报告总监部填给收据并修函致谢；十四、关于本所之成立结束及日报、月报、册报等各事均参照救济队章程规定之办法办理之；十五、本章程如有未尽事宜，报请总监理部修正之。"①

　　为使施诊事务有效地进行，施诊所制定了严格的办事细则。以中医组为例，其办事细则有十条："一、主任总司本组医务事宜，副主任协助之，对于各医士得有监察及检举权，各医士所处方药正副主任皆有斟酌修改权；二、关于病室诊断处方由副主任常川住所负责主持，其他各医士襄理之，遇有疑

---

① 《世界红卍字会中华东南各会联合总办事处关于办理南市临时施诊所聘请职医人员和该所各项章程、细则、职员名册以及结束该所等问题的函开支预算书》，上海档案馆藏，档案号：Q120-4-168。

难杂症得与正主任斟酌之；三、病室方案必须留底备查，并须将病人进出死亡医治之经过情形逐日报告主任登阅；四、各医士及助理无故不得外出，每月请假不得超过 48 小时，有特别事故者不在此例；五、凡医士以故外出时必须备具书面向副主任请假，并须另请合格医士庖代，以免贻误，特约医士不在此例；六、病人服药时负责医士必须在旁监察，至药碗盛药瓶号数尤须注意；七、本组治疗诊断遇有危险病人得请本所西医医师斟酌加以急救，或有宜于西医者亦可移交西医组治疗；八、关于病室值夜应有负责医士一人及助理医士或护士若干人，正副主任亦须更换轮值，如请假时与第五条同，特约医士无值夜之责；九、遇有疑难病症及专门科得随时请特约医士或专科医士诊治；十、本组助理或护士均须绝对服从各医士之指挥，不得自行处方给药。"①

为了规范病人的行为，维护施诊所良好的秩序，施诊所还制订了养病规则："一、病人应受医师护士之一切指导；二、不准吸食一切毒品及饮酒赌博；三、不准吵闹及高声谈笑歌唱；四、不准任意吐涕或抛弃纸片秽物；五、不准携带猫狗鸣禽；六、病人饮食未经医师许可者不准私自购食；七、病室内不得使用火炉烹调食物；八、病人未经所长医师许可不准擅自外出；九、夫役人

---

① 《世界红卐字会中华东南各会联合总办事处关于办理南市临时施诊所聘请职医人员和该所各项章程、细则、职员名册以及结束该所等问题的函开支预算书》，上海档案馆藏，档案号：Q120-4-168。

等对于病人如有失当之处，得由病人告知医师或事务人员酌量处分之；十、本规则未尽事宜得随时增订之。"[1]

南市临时施诊所开办一年左右后，经费日益竭蹶，虽采取了暂停住所治疗、仅办西医施诊给药等措施，但仍难以为继。福顺善堂鉴于难民区内施诊医院虽多，但能实事求是、嘉惠贫病者，唯南市临时施诊所最为难胞信仰。查南市临时施诊所每月开支需600余元，因此决定每月由红卍字会月贴200元，其余不足的部分由福顺善堂承担。尽管如此，自1939年3月1日起，这个在难民区内坚持了16个月义诊的南市临时施诊所，还是转交给别的慈善团体管理了。[2]

在难民区建立之初，百废待兴，难民区内的卫生状况也比较差。据较早进入难民区的钱沁芳老人讲，难民区里到处都是垃圾。红卍字会的档案记载，难民区内如豫园路、文昌路、殿前路、桂花厅路、豫园新路、粮厅路等沿途垃圾堆积，粪秽满地，臭气熏蒸，令人呕吐。后经雇用夫役分头洗扫，并要求各夫役勤浇去臭药水以维持卫生，状况有所改观。自1937年11月12日起，红卍字会每日遴选卫生专员两名监督，率各夫役不时视察洗

---

[1]　《世界红卍字会中华东南各会联合总办事处关于办理南市临时施诊所聘请职医人员和该所各项章程、细则、职员名册以及结束该所等问题的函开支预算书》，上海档案馆藏，档案号：Q120-4-168。

[2]　《世界红卍字会中华东南各会联合总办事处关于办理南市临时施诊所聘请职医人员和该所各项章程、细则、职员名册以及结束该所等问题的函开支预算书》，上海档案馆藏，档案号：Q120-4-168。

饶家驹来到诊所，笑容可掬地慰问患病中的婴儿和他的母亲

（图片来源：影像资料）

涤街道，不许难民沿途便溺。在民国路自食粮公会至老北门一带，沿途垃圾满积，还有一些腐烂的大饼碎屑和馒头粉屑，红卍字会也派办事人员前往巡视，以便随时撤清。由于难民区公厕很少，而难民又大多人地生疏，也没有热心人指引公厕之处，所以随地便溺的现象非常普遍。为解决这个问题，红卍字会在豫园新路南口即粮厅路间原有的火烧场内的大壕沟处，雇工装置厕板，设立公厕。红卍字会还在区内各难民所选派或指定一人主持所内

的清洁等事务。① 在这些措施实行后，难民区的卫生状况大为改观。在王晓梅阿婆的记忆里，难民区里没有人去打扫卫生，但也不觉得有什么不干净。② 或许是由于当时王晓梅年幼，也没有经常在外面走动，所以没看到打扫卫生的人。但是，经过一段时间的清洁整理，难民区里确实没有钱沁芳老人所说的垃圾满地的情况了。

由于区内难民众多，他们饱受惊吓、远途奔波之苦，而天气又时冷时热，死亡的难民很多。而逃难到难民区的人大多互不相识，即使认识也无力收葬，一些尸体暴露在街头。这些尸体若不及时清理，腐烂之后极易传播疾病，影响难民健康。红卍字会就主动承担了一部分的殓尸工作。在红卍字会的办事员报告尸体的数目及地点后，红卍字会总会派员运来棺木，进行收殓工作。有些刚去世不久的还可调查出姓名，历时已久的便无从查证了。由于难民区的交界处通行时常受到阻碍，以致收殓的尸体不能及时运往区外安葬，因此红卍字会只能专门设立一处太平间，雇用伙夫专事收殓死尸工作。除了红卍字会，还有一些慈善团体和人士在帮助收殓尸体。据罗荣华回忆，一个叫曲新平的老板做好事，为难民提供薄皮棺材，帮助料理丧事，所需的费用部分由某个慈

① 《世界红卍字会南市临时难民所办事处报告书》，上海档案馆藏，档案号：Q120-4-186。
② 苏智良、王海鸥、陈斌 2014 年 10 月 23 日采访于王晓梅老人所属的上海广福居委会；王海鸥、蔡晓琛、张璐怡 2014 年 12 月 21 日采访于上海王晓梅老人家中。

善机构会提供。张国椿老人回忆，自己的父亲当年有些资产，他曾关照过棺材店老板，说谁要是没钱买棺材了，可以把账记在他的头上。[①]

普善山庄和同仁辅元堂是负责埋葬死尸的机构。刘复田老人对同仁辅元堂十分熟悉。据其讲，当时不管是饿死的还是病死的人，都由同仁辅元堂处理。当时冬天常有冻死的人，他们见多了也不害怕，直接将尸体送到同仁辅元堂。同仁辅元堂有一扇黑漆漆的铁门，这就是刘复田老人对同仁辅元堂最深的印象。[②] 在难民区关闭后，同仁辅元堂继续从事专门处理意外死亡的人的尸体的事业。

无论何时，生老病死都是不可避免的，在难民区里也是一样。尽管难民区里的医疗和卫生状况不能像平日里那么周全，但在各方热心人士的努力下，难民们有病可以去难民区的医院诊治，产妇可以在产妇医院得到照料，街道卫生有专人管理，红卍字会帮助收殓尸体，普善山庄和同仁辅元堂负责埋葬死尸，这一系列的举措方便了难民的生活，也保障了难民区的正常运转。

---

① 上海东方广播电台《拯救历史的记忆——南市难民区的故事》节目主持人金亚提供。
② 王海鸥、马培 2014 年 11 月 24 日、12 月 2 日采访于上海刘复田老人家中。

读书与教育

当时，难民区里流传着一首打退日本兵的童谣："东洋兵要想到上海，几十只兵舰开到黄浦滩。'八一三'东洋兵冲进闸北来，杀我伲老百姓、炸我伲火车站。我伲老百姓大家要拼命，不管老不管少都要打退东洋兵。"

难民区里有着为数众多的儿童，他们在难民区里，也可以享受到特殊的"教育"。俞光辉老人曾自发组织收容所里的小孩子上课。当时俞光辉和几位年长些的人自发组织起一个难民收容所，这个收容所之前就是一所学校，由于收容所里有很多小孩，一位老师就提议办个学习班，为小孩子上上课，负责管理的几个人都同意这么做，一个简陋的小学校就办起来了。小孩子读书需要些课本，幸好在教师办公室里还留存着蜡纸之类的东西，俞光辉就刻刻蜡纸，油印了一些书作为教材。这个小学校是收容所自己办的，也没有对外招生，因此很多人都不知道这所小难童学校。由于大部分孩子年龄比较小，读的是初小一二年级的课程。大一点的孩子又心性不定，不大愿意读书。因此，有人建议最好有个唱歌班来教孩子们唱唱歌。但找谁来教孩子们唱歌呢？这时有个姓黄的教师是基督教徒，他说可以去教堂里问问，看有没有人愿意来教孩子们唱歌。教堂在方浜路以南，是敌占区。方浜路上有铁丝网，日本兵在旁边站岗，拿着刺刀。由于方浜路以南已经没什么人了，要从那里找一个小姑娘穿过日军岗哨教小孩子唱歌，也不是容易的事。但只过了一天，教堂里的一个小姑娘就被说服了，同意来难民区教小孩子唱歌，前提是有人陪着她去。这个小姑娘是唱诗班的，从小学习钢琴。之后在不到两年的时间里，这个小姑娘定时在小学里教孩子唱歌，后来她还成为了俞光辉的爱人。① 这就是难民区里，由共同救助难民而生发的爱情。

　　刘复田回忆，难民区里还有一些不太正规的小学，就设在庙里。由于条件所限，在难民区的庙里放些破桌子、破椅子，就算是教室了。老师也不固定，谁来谁就讲一讲，难民的孩子就跟着学学。当时他的姐姐比他大 6 岁，也时常来给小难民们讲课。当时的条件十分艰苦，难民们能生存下来，能给孩子一个安宁的生活环境已经很不容易了。②

　　尚家立神父是饶家驹神父的弟子，被饶家驹委任了筹集难民

---

① 上海东方广播电台《拯救历史的记忆——南市难民区的故事》节目主持人金亚提供。

② 王海鸥、马培 2014 年 11 月 24 日、12 月 2 日采访于上海刘复田老人家中。

区粮食、组织难民区的医疗和防务、开办草绳工厂和板刷作坊的任务。他邀请了在日军的轰炸中失去父母的震旦大学学生魏天虹以及震旦大学的校友教徒一起，在难民区筹建学校，免费为难童提供教育。几个月的时间里，难民区内的几所学校相继建立。当时，难民区里流传着一首打退日本兵的童谣："东洋兵要想到上海，几十只兵舰开到黄浦滩。'八一三'东洋兵冲进闸北来，杀我伲老百姓、炸我伲火车站。我伲老百姓大家要拼命，不管老不管少都要打退东洋兵。"这首童谣是魏天虹花了几天时间创作的，但是她不敢太张扬。难童们唱着童谣，国族意识、反抗意识便慢慢地种在了心头。由于难民区的食物紧缺，这首童谣还成了孩子们的联络暗号，当歌声响起，孩子们就结伴去民国路上捡馒头、大饼。① 这首歌在后来传遍了整个上海，成为上海人民团结抗日的象征。

---

① 孙建伟:《我心向圣》,《东方剑》2014 年第 3 期。

自救、义卖与经济

在《饶家驹区的故事》的小册子里，也描述了难民区的经济生活：商人们从浦东那里带回蔬菜、水果、肉类、大米；他们更喜欢将他们的商货运输到南市去卖，因为在南市，他们能够把他们的商品卖得更快更直接；道路两边摆了许多食品摊位，有猪肉片，成堆的橙子和蔬菜。商品价格则受到中国商会的控制。

在南市要建立难民区的消息传出后，福佑路、九亩地一带的商铺由于位于难民区之中的缘故，纷纷开门营业。方浜路一带的商店也大多开业。但随着难民大量地涌入，民国路等处的商店又关门歇业了，沿街的小摊贩也不见踪影。罗荣华记得，自己逃到难民区后，在城隍庙的一处过街楼下睡了一夜，当时周围的各种卖东西的店都关门了，城隍庙也没有人去上香了。①

---

① 上海东方广播电台《拯救历史的记忆——南市难民区的故事》节目主持人金亚提供。

　　初创时期过后，随着难民区秩序的逐渐恢复，一些商店又逐渐恢复营业。这其中最多的就是售卖食品的商店。李秀凤回忆，在父亲进入到租界后，会定时给自己一些小钱，让自己和弟弟妹妹买零食吃。当时的零食也没有什么，他们喜欢吃甜的，就买点红糖、白糖，冲点开水喝。① 王凤英老人回忆自己正好住在方浜路的北面，后来在里面还可以做生意，摆摊卖点小东西来过日子。② 俞光辉老人回忆，当时自己所处的城隍庙是难民区最热闹的地方，要买什么东西也是有的，老百姓的生活还是基本正常的。③

　　在《饶家驹区的故事》的小册子里，也描述了难民区的经济生活：商人们从浦东那里带回蔬菜、水果、肉类、大米；他们更喜欢将他们的商货运输到南市去卖，因为在南市，他们能够把他们的商品卖得更快更直接；道路两边摆了许多食品摊位，有猪肉片，成堆的橙子和蔬菜。商品价格则受到中国商会的控制。不仅如此，难民区监察委员会还做出种种努力来鼓励店主重新开店。到1938年春天的时候，几乎所有可买卖的商品都陈列在最宽敞的马路上；令人惊讶的是，这些"店铺"不单单只卖食物，还卖一些由陶瓷制成的饰品、铜制品、廉价的刺绣以及卷轴字画，这

---

① 金亚、余娟、李磊、王海鸥 2015 年 5 月 8 日采访于上海李秀凤老人家中。
② 上海东方广播电台《拯救历史的记忆——南市难民区的故事》节目主持人金亚提供。
③ 上海东方广播电台《拯救历史的记忆——南市难民区的故事》节目主持人金亚提供。

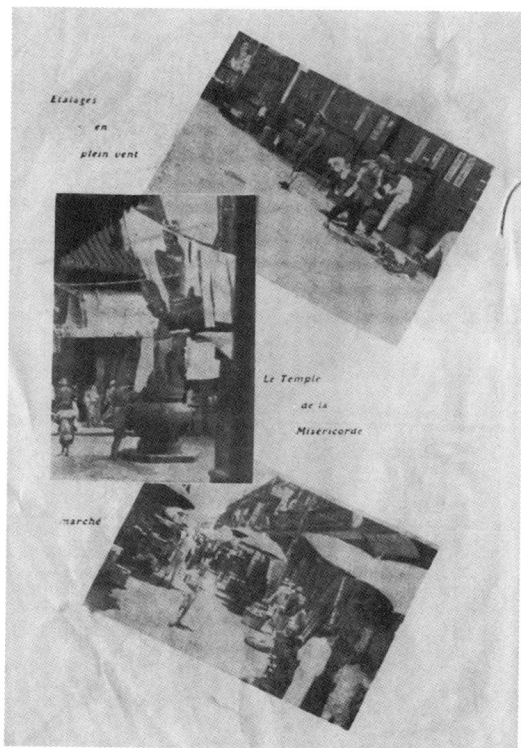

有关难民生活的一组照片。
上：街上陈列着满满的商品；
中：城隍庙的慈悲；下：行走
的人们

（图片来源：《上海法租界公
董局警务处关于南市难民区
的材料》，上海档案馆藏，
档案号：U38-2-1189）

些物品都是难民区第一次开放时发生的大肆抢劫的结果。①

　　陈瑞玉老人也讲道，战争刚开始的时候，在街道上有很多
从外面逃到南市的人，去附近的住家偷一些毯子之类的东西，
摆地摊卖东西。其实，也无所谓偷，因为当时原来的住户都逃
难去了，家里的门都是开着的。当时流行的有摆摊卖糕点的，

① 《上海法租界公董局警务处关于南市难民区的材料》，上海档案馆藏，档案
　　号：U38-2-1189。

三牌楼那边就有很多这样的店家逃到难民区里面来。当时陈瑞玉老人的家也借给别人开了一家糕饼店。因为他们一家人已经逃到了法租界，在法租界待了大约有一年的时间，后来因为没钱了，又回到了南王医马弄的家里。有一次她的祖母体弱想吃蹄髈，她托慈安产科医院烧饭师傅到法租界为祖母买了一只小蹄髈，这只蹄髈很小，大概一斤都不到。老人之所以到现在还记得这件事，是因为在难民区里能闻到蹄髈的香味，是一辈子也难以忘怀的。还有一次，她的妹妹病得很严重，想吃饼干。陈瑞玉就用工资给她去买饼干，买了半斤左右，在她兴高采烈地拿回家的时候，不幸碰到了一个抢东西的人。这个人抢了饼干后边吃边跑，陈瑞玉在后面拼命地追，等她终于追上抢饼干的人时，抢饼干的人也是奄奄一息了，跑也跑不动了。由于抢饼干的人一边吃还一边往饼干上吐口水，陈瑞玉抢回来后的饼干上全是口水，但她还是舍不得丢掉，拿水洗一下后给妹妹吃了。在妹妹的记忆中，这饼干是天下顶好的美味了。那时候陈瑞玉的家庭属于殷实之家，曾开过一家小店，陈瑞玉把赚来的钱拿到南阳桥去买一些小孩吃的糖果，然后再卖出去，这样可以多挣一点钱。① 苦难岁月，使得少女少男成熟了许多，很早就懂得了生活的不易，也很早就承担起生活的重担。

　　饶家驹非常注重难民的教养问题。为了使他们在形势好转后

---

① 王海鸥、陈斌 2015 年 4 月 20 日采访于上海陈瑞玉老人家中。

可以迅速找到工作，也避免他们在收容所养成饭来伸手、好吃懒做的毛病，难民区内还组织难民学习技术、做工。刘复田老人回忆，他的两个姑姑就经常去难民所服务。有一次姑姑们回来拿了一大包鹅毛，要把鹅毛上的绒撕掉整理好再卖掉。刘复田就跟着姑姑帮忙撕鹅毛，他们把卖掉鹅毛的微薄收入捐给了难民。① 傅剑秋老人当时还糊过火柴盒子，糊好后会有火柴盒厂的人来收，按盒子的数量给钱。②

　　进入 1940 年后，难民区与法租界间的铁门逐渐开放，一些利欲熏心之徒以为有机可乘，在流氓地痞的支持下，纷纷在南市觅屋开设赌窟。法租界当局及南市难民区总办事处认为赌窟开设后，不但会诱使人丧财失业、倾家荡产，而且有碍治安。因此法国领事及饶家驹、难民区总办事处主任顾纶致函所谓"南市区政务署"，要求日伪当局取缔赌窟。法租界当局表示，如果南市赌窟继续存在，法租界为了维护治安计，将被迫重新关闭铁门。届时虽市民持有"市民证"，亦将禁止通行。但一些与日伪有关系的人仍暗地里开设赌窟，但由于难民区里多数为贫民，赌客寥寥，生意不佳。难民区监察委员会恐其影响区内良善之难胞，决定由饶家驹出面向日伪当局和法方交涉请求取缔，至少将难民区内的赌窟逐出区外。除了赌窟，一种传统的、更为隐秘的赌博方

---

① 王海鸥、马培 2014 年 11 月 24 日、12 月 2 日采访于上海刘复田老人家中。
② 金亚、余娟、李磊、王海鸥 2015 年 5 月 14 日采访于上海傅剑秋老人家中。

式——打花会①，也逐渐蔓延至难民区。饶家驹鉴于花会之害甚于洪水猛兽，故除通告各收容所难胞勿被诱惑外，还同时告诫难民区各职员不得染此恶习，若染此习则立即撤职不贷，并坚决请求禁绝花会。②

---

① 打花会以古人像下配以牌九牌的挖花图案而得名，其方法是选取 36 个古人名，与马、蝶、龙、鱼等动物一一对应，共为 36 签，总名"花会"。参赌人任意选其中一个人名投买，如果押中，可获赌注 30 倍的彩金；如未押中，赌注全归赌头（庄家）统吃。参赌人也可同时投买二人、三人，若投买二人中了其中一人，可获 15 倍彩金，依此类推。

② 《要求取缔南市赌窟　铁门将予关闭　法当局将断然处置》，《申报》1940年 3 月 2 日；《南市赌窟复开》，《申报》1940 年 3 月 6 日；《南市难民区内不许赌窟存在　已闭各赌窟现又纷纷活跃》，《申报》1940 年 3 月 7 日；《南市花会流毒愈深》，《申报》1940 年 4 月 23 日。

第　五　章

推广与
影　响

　　南市难民区的建立，不仅是上海难民的幸运，也是中国难民的幸运，甚至是世界难民的幸运。这得益于上海这个具有特殊政治生态的城市，得益于上海发达的、众多的慈善组织，更得益于它的创办人——坚忍不拔而慈善仁爱的饶家驹。在南市难民区建立后，1937年年底，南京仿照着南市难民区也建立了南京安全区，1938年年底，饶家驹又亲赴汉口，建立了汉口难民区。此后，饶家驹在远东的难民救助理念、模式与传奇，流传于世。1949年，上海南市难民区被写进《日内瓦公约》，成为战时保护平民的光辉典范，对世界文明影响深远。

难民救助的"上海模式"

难民区的成功建立离不开以下几个要素的支撑：一、中日双方就难民区的地理范围达成一致，此范围内的难民都可得到保护；二、难民区仅为保护难民而设，区内杜绝任何军事活动；三、在军事冲突中，中日双方应尽力避免波及难民区。

在南市难民区建立和维持的过程中，难民救助的"上海模式"也逐渐形成。这个"上海模式"包含两个层面，一是如何促成难民区的建立；二是难民区建成后如何维持难民区的运转。

在促成难民区建立方面，饶家驹可谓是煞费苦心，甚至动用所有的私人关系去疏通。在中日双方都同意了他建立难民区的请求后，他又在中日之间来回交涉，就成立难民区的细节进行协商。由于中日处于冲突状态，双方不可能直接谈判，于是饶家驹扮演起中间人的角色，从救助难民的大局出发，将中日双方的诉求求同存异，最终达到了建立难民区的目的。难民区的成功建立离不开以下几个要素的支撑：一、中日双方就难民区的地理范围达成一致，此范围内的难民都可得到保护；二、难民区仅为保护难民而设，区内杜绝任何军事活动；三、在军事冲突中，中日双方应尽力避免波及难民区。

为了维持难民区的正常运转，南市难民区里设立了管理机构——监察委员会。监察委员会的委员都是在沪的外国精英，有的委员还是两租界的董事，这为处理难民区的事务提供了极大便利。监察委员会下设办事处，办事处又建立了粮食分发、难童管理、运输、监察并清洁、病院及医药等相关机构，并分配有专人负责。① 此后，为了进一步推进工作，难民区划分为 9 个区，每个区设区长 1 名，总体负责本区事务并对总办事处负责。区长之下，分设总务、文书、训导、设计、给养、庶务、卫生、清洁、登记、调查、医务等组，分别处理各项工作，这就照顾到了难民生活的各个方面。总办事处也进行了相应调整，分设了难民组、居民组、警卫组、卫生组、给养组等。② 从而形成了一个完善的管理系统，保证了难民区的正常运行。

南市难民区的正常运转，离不开饶家驹及各慈善团体、慈善人士的无私奉献。难民区建立后，饶家驹担任了监察委员会的主席职务。作为难民区的主持人，饶家驹风雨无阻，坚持每日去难民区办公，对于区内的大小事务事必躬亲，极为负责。在日军的

---

① 《南市难民区组织渐具体化》，《申报》1937 年 11 月 21 日。
② 《南市难民区措施日臻完善》，《申报》1937 年 11 月 29 日。

刺刀面前，饶家驹不顾个人安危，多次阻止日军进入难民区抓捕中国妇女的企图，从而确保了难民区中立、安全和完整。在难民区资金物资短缺时，饶家驹奔走呼号，远赴大洋彼岸为难民募捐。各慈善团体也各尽其长，尽心尽力协助处理难民区的各项工作。各慈善人士也有力出力，积极参与到难民区各项事务中，为难民服务。

南市难民区的正常运转，还得益于难民区良好的管理和服务。值得一提的是，难民区的管理和服务借鉴了当时以及之前一·二八事变时期难民收容所的管理经验。以当时管理比较完善的国际救济会收容所为例，其收容所里设置了厨房、医院、浴室、理发室，难民在收容所里也做一些简单的工作，如结绳、制衣等。难民还按年龄、性别、程度分级接受教育。收容所内还组织了儿童唱歌队、孩子剧团等组织。其第四收容所由于收容的大多是各种病患者及老弱穷困者，因此收容所内特设肺病医室、麻风医室及老弱者之家。这些在难民区里都可以找到其影子。比如，难民区里也为难民设置了医院，为老人设置了残老院，区内有板刷作坊、草绳工场等。

不可否认的是，难民区并不是多个收容所的简单相加，对于难民区的管理肯定要比对难民收容所的管理复杂得多，最明显的是，当区域内出现刑事案件或贪污舞弊案件时，饶家驹要商请法租界捕房或日本宪兵协助处理。从整体上来说，难民区的管理还是卓有成效的。法国大使戈斯默、比利时大使伯龙夫妇、英总领事费利浦夫妇等在参观过难民区后，都对区内分区管理井然有序并重视区内清洁卫生颇为称许。也正是有这样完善的管理模式，稳定了区内的秩序，也为安全区的正常运转提供了基础保障，使得难民区得以长期良好运转。

南京国际安全区的建立与磨难

南京安全区在建立方式、管理方式等方面套用了上海南市难民区的模式，但由于南京安全区背后缺乏有力的外国势力的支撑，在各方面工作的开展上都遇到了种种困难，最终在日军的压力下被迫于 1938 年 2 月 18 日宣布解散。

在日军攻占上海并逼近首都南京时，一些留在南京的西方人也开始考虑如何保护南京的市民。许多人参加了一些救助难民和伤兵的组织。在上海南市难民区成功建立后，这些西方人找到了保护难民的新方法。在《南京国际救济委员报告书》中曾明确提到："若干在南京之人士，鉴于饶神甫与其同志在上海南市设立难民区所获之成功，遂欲步其后尘，在南京设一类似之区域"。①

---

① 《南京国际救济委员报告书》（一九三七年十一月至一九三九年四月卅日），张宪文主编：《南京大屠杀史料集》第 12 册，张生、杨夏鸣、张连红等编：《英美文书·安全区文书·自治委员会文书》，江苏人民出版社 2006 年版，第 390 页。

拉贝曾在给妻子的信中说："关于安全区，我们自然是从饶神父在上海设区的成功经验中吸取灵感。我称之为饶神父区，正是由于他的名字辉煌地与它联结在一起。"① 时任金陵女子文理学院教务长和教育系主任的魏特琳女士也曾致信美国驻华大使馆官员，要求仿效上海的南市难民区，在南京也设立一个安全区域，以收容和保护难民。② 总之，无可置疑的是，留在南京的西方人士正是受到饶家驹创立南市难民区的启发，决定在南京也成立一个类似的区域。

　　尽管有了仿效的对象，但真正要将南京的安全区域成功建立起来却困难重重。留在南京的西方人士先自己组织了一个南京安全区国际委员会，以推动安全区的建立。按照上海模式，委员会首先与南京市市长取得了联系，就安全区内实现非军事化、国际委员会的职责、南京当局提供帮助的具体负责人名单、安全区的区域范围、安全区启用的前提等问题进行了讨论，并得到了市长的支持。接下来，委员会决定要与日方取得联系。但委员会的成员并没有与日方直接沟通的渠道，只好通过美国大使馆电台发给美国驻上海总领事再转交日本驻华大使。③ 此后，委员会一些成

---

① 　章开沅编译：《天理难容——美国传教士眼中的南京大屠杀（1937—1938）》，南京大学出版社 1999 年版，第 271 页。

② 　南京师范大学南京大屠杀研究中心主编：《魏特琳传》，南京出版社 2001 年版，第 94 页。

③ 　章开沅：《南京大屠杀的历史见证》，湖北人民出版社 1995 年版，第 24—25 页。

员也曾试图通过本国驻华大使馆的关系与日方取得联系，但日方始终没有正式回应。日本的一些报纸透露了日方的态度，比如日本最大的报纸《东京日日新闻》声称："如南京成立安全区，则日军之进攻南京，将大受妨碍。南京外侨不足 50 人，而所拟之安全区，则毗连炮台与军事工程，日军欲攻击南京而不妨及安全区，乃不可能事。"日本另一份全国性大报纸《读卖新闻》也认为："南京安全区与上海南市难民区完全不同，此事必须由进攻南京之日军当局决定之。"① 随着日军步步进逼南京，而日方对委员会的要求置之不理，委员会的成员们万分焦急。在此情况下，委员会除了继续通过外交手段联系日方外，还希望通过饶家驹与日方取得联系，帮助南京方面取得日军的同意。饶家驹尽全力进行了搭桥与联络，但令人遗憾的是，饶家驹带来的日方回复却是日军对此予以否决，但同时日军又表示，只要安全区与日方必要的军事措施不冲突，日本政府将努力尊重此区域。这虽不是委员会想要的结果，但至少有所进展，毫无疑问，其中也包含着饶家驹出面斡旋的结果。因此，委员会一方面仍进行安全区的筹备工作，一方面请求饶家驹再同日本方面取得联系，希望日方能给予保证性的通知。但日方仍拒绝了委员会的这一要求。

尽管没有得到日方的同意，委员们还是紧锣密鼓地筹备着。在日军进入南京后，安全区正式开始发挥它的作用。由于南京安

---

① 《国际委员会建议设立南京安全区界线业已拟定区内不设军事机关请中日当局谅解办理保护难民事宜》，《申报》1937 年 11 月 26 日。

全区是仿照上海的南市难民区建立的，因此在南京安全区的身上可以看到很多南市难民区的基因。

　　首先，从成立模式上来说，南京安全区大量地仿效了南市难民区。在南京的西方人组成了筹备安全区的国际委员会，先与中方取得联系，得到中方对安全区的支持，之后才通过各种渠道与日方取得联系。为了得到日方的同意，国际委员会表示："安全区内不设立军事机关（连交通在内）、不驻扎军队（携手枪之警察除外），亦不通过兵士与军官，委员会将视察安全区，并监视上述担保之实施。"① 在安全区的选址上，也充分考虑了收留难民的方便性与区域的特殊性，安全区"东以北中山路为界起，自新街口止于山西路，北以山西路至西康路之线为界，西以西康路至汉口路、然后折入上海路与汉中路之交点为界，南以汉中路为界，起于上海路交点，止于新街口之原有起点"② 。这一区域内公共建筑较多，是南京城内外国人居住比较多的地区，且远离国民政府的军事要地和飞机场。在对外宣传方面，安全区也强调其建立的目的为"俾南京及其附近发生敌对行为时，供避难平民居住"③ 。这些都与南市难民区的建立构想一脉相承。

<hr>

① 《国际委员会建议设立南京安全区　界线业已拟定　区内不设立军事机关　请中日当局谅解办理保护难民事宜》，《申报》1937 年 11 月 26 日。
② 《国际委员会建议设立南京安全区　界线业已拟定　区内不设立军事机关　请中日当局谅解办理保护难民事宜》，《申报》1937 年 11 月 26 日。
③ 《国际委员会建议设立南京安全区　界线业已拟定　区内不设立军事机关　请中日当局谅解办理保护难民事宜》，《申报》1937 年 11 月 26 日。

其次，从管理模式上来说，南京安全区也大量借鉴了南市难民区的经验。第一，南京安全区由于并没有得到日军的承认，在标识安全区时，采用了和南市难民区相同的符号，即白地红圈中间有个红十字。第二，在安全区的管理方面，南京安全区也由在南京的一些中外人士组成安全区管理委员会，下设总稽查、粮食、住房、卫生、运输等分委员会具体负责各项事务。与南市难民区相同的是，为了方便管理，南京安全区也划区而治。第三，南京安全区也得到了各慈善团体的协助，如中国红十字会和世界红卍字会等。第四，南京安全区也获得了中国政府的救助，包括资金和救济物资。这些都是与南市难民区极为相似的。

最后，从保护难民免受战争中军事活动威胁上来看，南京安全区也发挥了与南市难民区相同的作用。尽管日军没有正式承认南京安全区，但在南京发生战斗时，安全区的安全还是得到了相当保护，日军战机的轰炸和炮弹的袭击都注意避免和减少把目标对准安全区。有资料表明，只有在战斗最为激烈的 12 月 11 日，日方有 9 枚炮弹击中安全区。[①] 在上海的南市难民区，由于难民区与南市的战场只有一条窄窄的马路相隔，因此不时有流弹进入难民区，但在日方的谨慎对待下，在难民区周围发生战争期间没有一颗炮弹或炸弹掉落到这个特殊区域。[②] 在这一点上，南京安

---

① 经盛鸿：《南京沦陷八年史》，社会科学文献出版社 2005 年版，第 1023 页。
② 《上海法租界公董局警务处关于南市难民区的材料》，上海市档案馆藏，档案号：U38-2-1189。

全区与上海的南市难民区是十分相似的。

　　由于南京的特殊性，南京安全区与南市难民区也有一些不同之处。首先，南市难民区的建立是在上海已经守不住的情况下发生的，中方很容易就答应了不启用难民区内的军事设施的要求；但在南京，国际委员会希望在中日还没交战时就设立安全区，这使得中日双方都不大愿意接受。从中国方面看来，南京城不能不战而弃，安全区国际委员会想要实现南京城的和平交接是不可能的；而日方也不愿因为安全区而妨碍对南京城的军事行动，因而安全区在国际委员会艰难的努力下终于得到了中方的认可，但始终得不到日方的承认。其次，上海的外国势力强大，又有着饶家驹这样深得中日双方信赖的人道主义者，再加上饶家驹选择了最合适的时机，让难民区的建立符合中日双方的利益，上海南市难民区的建立自然水到渠成；但在南京，留守在南京的外国人士力量弱小，国际委员会又缺乏像饶家驹那样独当一面的挑大梁者，与日方缺乏直接的沟通，使得安全区严重的先天不足。再次，在上海战役中，中国军队有序地退到了租界内，没有进入难民区；但在南京，大量士兵没有得到有序疏散，被迫避入安全区，这成为日军在难民区大开杀戒的借口。

　　笔者以为，南京安全区与南市难民区最大的不同，在于南京安全区没有像南市难民区那样有强有力的租界方面的支持。在南京安全区内，日本士兵经常三五成群地进入安全区游荡，实施各种暴行。对此，安全区的国际委员会并没有非常有效的办法，只能利用外国人的身份才能稍稍阻止一些日军的暴行，但即使是这些外国人，由于缺少来自本国外交机构的庇护，也常常受到日本士兵的侮辱和殴打。[①] 在南市难民区，日本士兵不能随意进入难民区，尽管也曾发生过日本士兵进入难民区强奸妇女的事件，但毕竟数量比较少。南市难民区里的外国人由于身份特殊，日本士兵并不敢为难这些人。如果日本方面对南市难民区有些不合理的举措，饶家驹还会商请法租界帮忙处理。南京安全区里人员混杂，常出现一些违法乱纪的现象；对于此种现象，国际委员会由于没有相应的处罚机构，对于这些违法分子只能采取驱赶出难民收容所的办法。但在南市难民区，对于违法的难民或工作人员，饶家驹会商请法租界的捕房协助处理，这就有效地惩戒了违法分子，维护了难民区的正常秩序。

此外，南京安全区和南市难民区都曾遇到过粮食短缺的问题，但由于环境和应对方法的不同，结果也就大不相同。从南京安全区来看，由于战争的原因，安全区的创办者们很早就开始为安全区储备粮食，但由于城郊的战火，粮食尚未完全运进安全区，日军就已经进了城。尽管如此，在日军刚入城的几天，安全区国际委员会的委员们并没有为粮食问题担心。但很快，由于日军在城内大肆搜刮粮食，并放火烧毁房屋，南京难民的存粮不是被日军抢走，就是在大火中化为灰烬，因此安全区里的难民在进

---

① 　张生等：《南京大屠杀史研究》，凤凰出版社 2012 年版，第 429 页。

入安全区时所携带的粮食吃完后，只能依靠安全区内的存粮。尽管国际委员会只给最贫困的难民发放大米，但原有的粮食储存还是很快被消耗殆尽。为此，国际委员会首先试图请求日方能够允许其运粮汽车自由通行，以便把储备粮运抵安全区，但未得到日军许可。国际委员会又试图从日军那里购买粮食，但日军为了逼迫国际委员会将职权交给新成立的"南京自治委员会"，只为安全区提供了少量的大米，其数量还不够安全区的难民消耗两周。于是，国际委员会只得与"自治委员会"合作，以使"自治委员会"开放米店，解决难民的食粮问题。①

在上海，尽管难民区也遭遇了粮食短缺的问题，但难民区紧邻法租界，法租界的热心民众以及一些慈善团体为难民区捐助了大量的粮食。后来，难民区还和法租界的米商订立合同，为难民提供大米供应。尽管一开始日方为了统制粮食曾拒绝为难民区颁发粮食进入难民区的"输入证"，但在法租界的压力下，日方只得让步，难民区的粮食供应得到恢复。但在南京，安全区的国际委员会缺乏强有力的后盾，在与日军交涉中屡屡受挫，对日军的蛮横无理也无可奈何，这也是南京安全区在效果上大打折扣的一个重要原因。

为了保护安全区中的难民，安全区国际委员会成员们经常受到日军的威胁、刁难甚至攻击、侮辱、殴打等。这些委员会的成

---

① 张生等：《南京大屠杀史研究》，凤凰出版社 2012 年版，第 429 页。

员大多是一些传教士和商人，日军对此十分明白，除了对他们外国侨民身份稍稍有所顾忌外，日军对他们的态度十分蛮横。魏特琳女士就曾因为阻拦日本士兵掳掠妇女而被打了耳光。[①] 安全区国际委员会的秘书史迈士曾在南京大屠杀期间与几个美国传教士朋友商议："我们之中谁最先被杀死，我们就把他的尸体抬到日本使馆门前放着"，并表示自己愿意要么做那个被抬的，要么去抬别人。[②] 这种视死如归的精神让我们敬佩，也从侧面反映出日本占领者对委员会成员的打击和摧残。在上海的南市难民区，监察委员会的成员们大多拥有官方背景，日军对此十分忌惮，因而他们所得到的待遇要比南京安全区的委员们好得多。

　　总之，南京安全区在建立方式、管理方式等方面套用了上海南市难民区的模式，但由于南京安全区背后缺乏有力的外国势力的支撑，在各方面工作的开展上都遇到了种种困难，最终在日军的压力下被迫于 1938 年 2 月 18 日宣布解散。尽管如此，南京安全区还是在一定程度上减少了日军的暴行，保护了难民的生命安全，使难民的生活得到了某些照顾和保障，这一点与上海的南市难民区所要追求的目标是一致的。

---

① 经盛鸿：《南京沦陷八年史》，社会科学文献出版社 2005 年版，第 1017 页。
② 章开沅：《南京大屠杀的历史见证》，湖北人民出版社 1995 年版，第 336 页。

汉口难民区的尝试

12月20日，饶家驹由香港飞抵重庆，对中央社记者谈起难民区情况："汉口现在之难民区，创立之初，日本原不赞成，后经本人几度之奔走交涉，始获允成立难民区。在武圣庙一带区内，能容十五万余人。当日本兵侵入武汉市区之先，本人与教会努力设法，将华方受伤将士，移送安全地带，并使市区内难民安全退入租界。"

在南市难民区建立并取得巨大的成功后，饶家驹就开始考虑在中国的其他地区也建立类似的难民区。尽管南京国际安全区很快仿照着上海的南市难民区建立起来，但由于各方面的原因，南京安全区并没有像南市难民区那样成功。或许是饶家驹在其为南京安全区穿针引线的过程中，感受到了日方对南京安全区国际委员会的不信任，或许是饶家驹希望再在中国检验一下建立难民区的模式，更为了在战争日益扩大之下能救助更多的中国人，饶家驹亲自参与了汉口难民区的筹划建立。

　　早在 1938 年 7 月 19 日，蒋介石在谈到武汉形势时，就宣称中国军队必死守武汉。保护外侨及平民的方法无外乎两种，一是在汉口的旧英租界设防，由英军守卫；一是由国际委员会成立安全区。[①] 中国政府这种成立安全区的想法正合饶家驹之意。在武汉形势紧张之际，国民政府已经开始组织市民疏散到后方。饶家驹对国民政府疏散难民的举动表示赞同，但他也看到，实际上由于种种原因，一些市民无法被疏散——有些工商业者不愿抛弃辛苦积攒下的家产，有些市民拖家带口、无处谋生，有的市民不愿意被疏散到乡下，还有些是老弱病残孕者，经不起长途的奔波劳累。面对此种情况，饶家驹决定要在武汉设立一个与上海相似的难民区。1938 年 10 月 19 日，饶家驹应国民政府之邀乘飞机赴重庆，讨论建立难民区的相关事宜。[②] 在重庆，饶家驹会晤国民政府外交部长王宠惠及国民政府行政院长兼财政部长孔祥熙，王宠惠和孔祥熙二人委托饶家驹全权在汉口设立一个与其在上海、南京所设相同之难民区。[③] 由王、孔二人的身份也可看出国民政府对饶家驹的高度重视与期待。10 月 21 日的《申报》报道，饶

---

① 《两岸布置精兵　我决死守武汉　日军进犯路线有三条　国际委会谋设安全区》，《申报》1938 年 7 月 19 日。

② 《饶神父拟在汉口设难民区　昨晨由汉飞渝与赈委会接洽》，《申报》（香港版）1938 年 10 月 20 日。

③ 《汉口疏散居民　近日更见积极　市内水电供给已发生困难　留汉外侨人数在千名之上》，《申报》1938 年 10 月 22 日。

家驹在 20 日"已获得中国政府之谅解，将汉口所有现时租界及
过去租界，一律改为非武装区域。此项区域，日方已同意不加攻
击。此项安全区域计包括法租界、日租界及前英德俄三租界，以
及西至平汉铁路而达长江左岸之华界。据称日方提出条件，除完
全非武装之外，日租界之一切财产建筑，不能加以摧毁或破坏。
此项计划之成功，使汉口可以避免不必要之流血，而中国人民
财产生命之安全，亦得有所保证"①。22 日早晨，饶家驹向记者表
示，他对此次重庆之行感到十分满意，孔祥熙、王宠惠、汪精卫
都赞同在汉口设中立区，孔祥熙还表示会筹给经费，各军事当局
也表示将妥善保护汉口的避难人民。②

在得到中国方面的许可后，难民区内移走了所有的部队、防
御工事以及武器弹药。为了保证难民区的安全，难民区委员会
要求日本方面同意以下四条："一、此区域不受任何形式的轰炸
和攻击；二、城内的战事活动不能波及难民区；三、在占领市区
后，常规部队无权进入难民区，只有那些按照相关部队命令行事
的军队才有权进入；四、确保地方警察力量的豁免权，地方警察
按此委员会命令行事，并成为此区域管理机构的基础部分。"由
于难民区内有许多外国资产，委员会的委员们还希望这些资产同
样不受侵犯。委员会表示，他们没有任何政治目的，他们纯粹是

---

① 《饶神父筹划汉难民区》，《申报》1938 年 10 月 21 日。
② 《饶神父返汉组中立区》，《申报》1938 年 10 月 23 日。

出于人道的考虑，保护这些由于各种原因无法撤离的人们。[1]

10月24日，饶家驹在报纸上公开表示："汉口上海委员会筹划多时之汉口难民区，现已被承认。其面积系依汉口委员会原来最低之请求，委员会现正进行，以完成其一切筹备，中国政府现已接济难民区之金融，而中国全国救济会与政府银行亦接济购米所需之金融云。据可恃消息，汉口难民区包括前英德俄三租界及至铁路线为止之中国地方在内，惟日租界不在其内。现尚留滞于汉口者，闻此消息大为宽慰。"[2]

25日早晨，汉口难民区正式成立。难民区由国际委员会负责管理，委员会主席为美国教会领袖吉尔曼主教，但实际上的主持者为饶家驹，总干事为英国人马克尔，设办事处于金城银行大厦。[3]除了饶家驹和吉尔曼外，委员会的成员还有J.S. Espelage（美国人，武昌天主教会），E.J.Galvin（英国人，汉阳圣高隆邦使命会），Bishop Massi（意大利人，汉口天主教会），A. J. Gedye（英国人，汉口卫理公会），Monsieur E. A. Chaudoin（法国人，国际节约救援会经理），W. S. Pupree（英国人，贾丁有限公司汉口代理人），Herr G. Tolle（德国人，Carlowitz 酒业公司汉口地区经理），

①　Jacquinot, Committee Take Over Hankow Refugee Zone, *The China Weekly Review*（1923–1950），Oct.29, 1938.

②　《汉安全区委员会组安全区》，《申报》1938 年 10 月 25 日。

③　《汉难民区已成立　美主教任委员会主席　实际上由饶神父主持》，《申报》1938 年 10 月 26 日。

A. E. Marker（Arnhold 贸易公司汉口地区主管）。[1] 这个委员会人员的构成，坚持了上海难民区的模式，即几乎都由在华的外籍人士组成，但从这些外国人的身份背景来看，与南京安全区国际委员会的成员更为相似，即这些人多是宗教人士或商人，而非拥有雄厚背景的官员。

在汉口难民区建立之初，日本方面假惺惺地表示会对难民区予以尊重："日军对于难民区，必能予以尊重，因日军士兵皆奉命令，不准闯入难民区也。"[2] 这样的局面仅维持了几天的时间。10 月 27 日，饶家驹引导日军经过前德租界及租界后的地方时，局势也非常平静，没有发生什么意外事件。但到了 28 日，日方突然要求将第一、第二特区内的难民移出，以便进驻军队，而所有中国难民自 29 日起要迁至襄河上游若干里地的一个新区收容。[3] 对此，日军权威人士的蛮横解释是其"不能令军队露宿，而使中国难民有栖息之所"[4]。30 日，饶家驹接受记者采访时表示，旧英租界的难民确实将移至日军指定的新区域中栖息，但饶家驹对新区域中的日本军队十分怀疑，他坚决地表示，如果这些

---

[1] Jacquinot, Committee Take Over Hankow Refugee Zone, *The China Weekly Review*（1923–1950），Oct.29, 1938.

[2] 《武汉大火渐熄　日军主力部队　尚未到达　重要建筑化为灰烬　劫后难民命如丝》，《申报》1938 年 10 月 27 日。

[3] 《汉口十万难民被迫迁离难民区　移至襄河上游某地收容　日方仅允少数外侨监视》，《申报》（香港版）1938 年 10 月 29 日。

[4] 《难民轻生　惨绝人寰》，《申报》1938 年 10 月 30 日。

士兵不调开，就不打算将难民移入。① 早在 10 月 28 日，就有外国人看到日军残忍地杀害中国俘虏及平民百姓。这一现象自然也引起了饶家驹的警觉，他生怕在难民迁到新区域后，南京大屠杀的惨剧将会在汉口重演。②

11 月 1 日，难民开始迁入日军指定的区域。难民们听到这一消息，皆大为惊骇，有怀抱婴儿的妇女哀求饶家驹不要答应迁移，以免受日军的蹂躏。但日军丝毫不肯退让，饶家驹也别无他法，只好同意迁移。③ 11 月 16 日，饶家驹返回上海，"据其左右语人，此项日军攻入武汉，军容既与攻入南京时不相上下，纪律亦不甚佳，在城外一带，奸淫掳掠之事，所在有之。惟在城内及特区，则因外人观瞻较切，稍有顾忌云。"④ 饶家驹批评日军纪律松懈，"奸淫掳掠"，表明了他对日军违反人道主义的愤懑。

12 月 20 日，饶家驹由香港飞抵重庆，对中央社记者谈起难民区情况："汉口现在之难民区，创立之初，日本原不赞成，后经本人几度之奔走交涉，始获允成立难民区。在武圣庙一带区内，能容十五万余人。当日本兵侵入武汉市区之先，本人与教会努力设法，将华方受伤将士，移送安全地带，并使市区内难民安

---

① 《汉口难民将迁入新区域　俟不良日军调开　即可将难民移入》，《申报》1938 年 10 月 31 日。
② 《饶神父怀疑日军风纪　深惧难民离汉后南京惨剧重演》，《申报》（香港版）1938 年 10 月 31 日。
③ 《难民迁移叫苦连天》，《申报》1938 年 11 月 3 日。
④ 《饶神父由汉返沪》，《申报》1938 年 11 月 16 日。

全退入租界。及日本兵到达市区后，曾以搜索华军为名，要求闯入难民区，本人以为此举或将扰及难民区之安全，当由本人出面，担保区内绝无藏匿华军之情事，拒绝搜索。其后日本始允由宪兵开入，维持秩序。难民区内一度天花伤寒等时疫流行，本人复设法由沪购到大批医药，施以治疗。"① 这段谈话也可看作是饶家驹经营汉口难民区的总结，从中可以看到饶家驹为保护汉口难民的周全而煞费苦心。但是尽管如此，当地难民仍生活在日军的恐怖统治之中。自中国军队退出后，日军为防止一些房屋被中国的游击队利用，纵火烧毁大量房屋。日军还将租界以外的地区中有价值的物品全部运走，剩下的就地烧掉。日哨兵随意搜查路上的行人，劫夺行人钱财。至于日军强奸妇女之事，也经常发生。② 日军还常在难民区内任意拉夫。③ 1939 年 1 月 21 日，日本当局还突然禁止把粮食运往难民区，并要求凡是领到日方所发"安居证"的居民立即离开难民区返家，否则将严惩不贷。④ 除此之外，日伪当局还在难民区设立烟馆、赌场及变相的妓馆，逼良为娼，难民区内特务横行，难民经常被无辜搜查，不少善良民

---

① 《饶神父由港抵渝　谈汉难民区现状　几经交涉幸获安全　美籍教士资助良多》，《申报》1938 年 12 月 21 日。

② 《西报通讯员调查汉口之形形色色　民不聊生外侨大受影响　压迫摧残日人为所欲为》，《申报》1939 年 1 月 1 日。

③ 《日严密警戒下　汉傀儡袍笏登场　长江日汽油船起火　难民区内日兵拉夫》，《申报》1938 年 11 月 26 日。

④ 《汉日法两方迄未谅解》，《申报》（香港版）1939 年 1 月 22 日。

众被捕，遭到毒打，甚至被处死。[1] 日军甚至把一个在难民区为难民服务的意大利籍神父贝里以贿赂华人纵火焚烧房屋的罪名逮捕关押，施以酷刑，经意大利领事交涉后这名神父才被释放，但此时这名神父已经被日军折磨得奄奄一息了。[2] 除了日军外，日伪"稽查"一类的人员也到处横行，任意打骂难胞，甚至陷害无辜的难胞。难民们痛恨地称其为"鸡杂鸭杂"。[3]

　　由于上海南市难民区和汉口难民区都是饶家驹一手建立起来的，因此，将南市难民区与汉口难民区进行对比，更有意义。在上海南市难民区和汉口难民区建立时，饶家驹都在中日双方间进行了斡旋，征得双方的同意，成功地建立了难民区。由此可见，战时保护平民需要一个中间人的角色，因为交战双方顾不上也没有条件与可能，坐在一起讨论保护战争所带来的难民问题。尤为重要的是，这个中间人必须得到交战双方的信任，而这又需要中间人有足够的智慧和高尚的品格。饶家驹在中国生活多年，能说流利的汉语和日语，其早年在虹口做神父的经历又使得他与日本人建立了良好的关系。饶家驹还曾担任大上海建设委员会的委员，这说明他与中国政府方面的交情也不错。1937年时，饶家驹担任着上海华洋义赈会会长、国际救济基金委员会委员、上海

[1]　政协武汉市委员会文史学习委员会编：《武汉文史资料文库　第2辑　政治军事》，武汉出版社1999年版，第95—96页。

[2]　《意神父在汉惨受酷刑　原因为难民服务　意领向日提抗议》，《申报》1938年11月23日。

[3]　陆州：《汉口沦陷初期的难民区与法租界》，《武汉文史资料》1994年第2期。

饶家驹正在与汉口的一名日军海军陆战队的军官交涉

（图片来源：*le Journal de Shanghai*，1938 年 11 月 3 日，第 1 版）

为汉口难民区的生存，饶家驹正在与汉口宪兵队队长五岛等商议

（图片来源：上海市档案馆）

国际红十字会副主席等职务，这些纯粹的慈善领袖的身份，也使得他容易得到中日双方的信任。此外，高超的外交技巧和不屈不挠的执着精神，也使他最终说服中日双方同意建立难民区。虽然由于上海当时的战况不明，南市难民区建立的时间已经到了上海的战事快要结束的时候，但难民区的成功建立还是从日军的烧杀抢掠下保护了 30 万左右的中国难民。在汉口，由于上海南市难民区的成功建立，饶家驹的个人声望也到达顶峰，在其与中国政府商议建立难民区时，很顺利地得到了中方的支持。日本方面也基本同意了饶家驹的提议。所以，汉口难民区在日军进入武汉的当天就已经建立起来，这与南市难民区比较起来，应该算是个不小的进展。

但是，就难民区的实际效果而言，汉口难民区却远远不及上海南市难民区。应该承认的是，上海南市难民区虽然也有区内难民遭到搜查及妇女被强奸的事情发生，但从总体上说，难民被强拉做苦力及被随意打死的情况很少。而在汉口难民区，尽管饶家驹曾千方百计与汉口的日军交涉，但难民区的难民被日军强拉做苦力，被随意逮捕杀害的情况仍大量发生。日伪当局在汉口难民区设立烟馆、赌场及变相的妓馆。虽然上海的南市难民区也曾有不法之徒设立烟馆赌场，但饶家驹联合法租界的力量对其予以禁绝。之所以有这些方面的不同，主要与沪汉两个城市的环境有关。首先，上海有公共租界和法租界，"八一三"战端一开，上海顿时成为世界关注的焦点。日军的一举一动就可以通过租界内的新闻媒体迅速传播到世界各地，因此，日军不得不有所顾忌，克制自己在难民区的行为。其次，饶家驹在上海拥有广泛的人脉关系，他还经常邀请一些驻华大使、驻上海的外国军队官员、社会名流参观南市难民区，各大报纸也经常对饶家驹以及南市难民区进行跟踪报道，日本为了维护自己的国际形象，也注意限制和克制日军在难民区的行为。最后，以饶家驹为首的南市难民区监察委员会成员有一半以上为工部局或公董局的成员，如普兰特（W. H. Plant）、谢士柏（A. S. Jaspar）、麦克那登（E. B. Machaghten）、白蒲（C. Baboud）等，这些人的官方身份也对日军有威慑作用。但是在汉口，饶家驹没有像上海那样熟悉的环境，没有两大租界的力量可以依托，没有广泛的资源可以调动，对于日军无理、蛮横的要求也无可奈何。而此时的日军，在已经犯下了像南京大屠杀那样的罪行后，也不在乎在汉口再添加一些新的暴行。不仅难民区的难民生命安全难以保证，甚至连帮助难民的外籍神父也被日军施以酷刑①。在这样的形势下，汉口难民区自然难以成为一个真正地能够保护难民的"诺亚方舟"。

上海的南市难民区在饶家驹离开上海不久就结束了，这其中很重要的一个原因，是失去了饶家驹，南市难民区就缺乏有足够威望的主持人。维持难民区运行的资金很大一部分是由饶家驹争取来的，与中日双方交涉是饶家驹进行的，难民区的种种事务也

① 《意神父在汉惨受酷刑　原因为难民服务　意领向日提抗议》，《申报》1938年11月23日。

都是由饶家驹亲自处理的。除了饶家驹外，当时的上海，似乎没有人可以像他那样担当大任。但是，我们同时也要看到，南市难民区在 1938 年后一直维持在三四万人左右，再加上当时日伪"上海特别市政府"自 1940 年起不断将南市的难民遣散，到 6 月 30 日南市难民区彻底结束也就是自然而然的了。汉口的难民区直到 1945 年抗战胜利后才关闭，当然，由于日军的破坏，其已难以成为一个真正的难民区，即使饶家驹对难民区有一系列的规划和安排，但其最终的成效仍少之又少。

　　总之，难民区建立与维持的前提，都必须是日军的承认和保护以及遵守既定的协议，在此基础上，上海南市难民区在饶家驹出色的管理下才发挥了巨大的作用，而没有了这个基础，即便在汉口成功建立了难民区，难民的安全依然得不到有效的保证。[①]

---

① 　苏智良、王海鸥：《饶家驹与难民区相关问题再探讨》，《安徽史学》2015 年第 6 期。

南市难民区的结束

从 1937 年 11 月 9 日正式建立到 1940 年 6 月 30 日宣告结束，南市难民区一共存在了 963 天之久，保护了 30 万中国难民。

南市难民区开放之初，收容了大约 20 万难民，此后的两年多的时间里，难民区的人数不断减少，至 1940 年元旦时，难民区里只有大约 4 万人。[1] 两个月后，难民区的人数已下降到 2 万人。[2]1940 年 6 月中旬，南市难民区由于过去数月中捐款收入减少，难民给养经费日渐缺乏，因此决定将收容所中年壮力强的难民遣散。[3]6 月 16 日，饶家驹因惦念着德军占领下的巴黎的法国同胞，突然离沪返法，但其仍对难民区的难民恋恋不舍，

---

① 《饶神父谈——一年来的救济工作》，《申报》1940 年 1 月 1 日。
② 《日方统制食粮实施封锁　难民区断粮四日　二万哀黎被驱饥饿线上　经法当局交涉始获解决》，《申报》1940 年 3 月 29 日。
③ 《南市难民区亦决定遣散》，《申报》1940 年 6 月 11 日。

表示："本人本不欲置数万难民生活于不顾，猝然出走，更不忍将惨淡经营之难区未竟全功，废于一旦，实因祖国烽火，衷心如焚，希各界鉴诸。所望者，南市难区仍能继续存在。沪上不乏慈善家，当能续予善视，援助救济，则本人虽在西欧，衷心亦慰也。"①

尽管饶家驹公开表示自己是由于祖国的战火才离沪返法，但有资料表明，饶家驹返回法国还有不得已的苦衷。在获悉难民区即将解散的消息后，中国财政部长孔祥熙曾请求法国政府让饶家驹留在中国为中国政府工作，但法国驻华大使戈斯默（Cosme）很快告知孔祥熙，巴黎教会当局以饶家驹的健康为由坚持要饶家驹回国。在戈斯默发给巴黎当局的电报中，我们可以窥见巴黎教会这么做的理由——耶稣会目睹了饶家驹最近几年在上海参与政治的程度，对此他们很担心。② 诚然，饶家驹的难民救助活动必须要和上海乃至中国政府的政界军界保持良好的合作关系，但在上海的耶稣会甚至巴黎的教会看来，饶家驹在中国的政界、军界涉足过深，已经超过了他们可以容忍的限度，再加上中国政府想要饶家驹为中国政府工作，这更表明了饶家驹在中国日益增强的影响力，因而他们坚决要求饶家驹回国。对此，饶家驹只能放下

① 《饶神父痛心国难　悄然登轮离沪　忍痛与南市难民区作别　遣返法国致力抚慰流亡　临行恋恋盼沪人士善视难区》，《申报》1940 年 6 月 17 日。
② 法国驻华大使戈斯默致巴黎电，1940 年 6 月 5 日（#399）；致重庆电，1940 年 6 月 19 日（#454）。转引自 [美] 阮玛霞：《饶家驹安全区——战时上海的难民》，白华山译，江苏人民出版社 2011 年版，第 153—154 页。

他心心念念的难民工作，黯然返回法国。

　　饶家驹离开上海后，难民区内仍有普通收容所 88 所、模范收容所 2 所、残老院 1 所、医院 2 所、难童学校 2 所，留居难民 19000 余人。难民区内原有监察委员会主持全区事务，饶家驹决定离沪后，难民区建立了善后委员会，办理各项善后事宜。临行前，饶家驹将区内善后事宜委托给法国驻沪副领事兼难民区监察委员会委员谢士柏主持办理，并手拟了一份善后大纲，交给善后委员会及办事处斟酌办理。善后委员会与办事处职员商洽后，决定于 6 月底结束难民区，少壮难民一律发给一个月的口粮后遣散，老弱残废则移归普育堂收容。①

　　6 月 20 日，难民区代理常务委员谢士柏张贴出布告：

为布告事

　　查本会办理救济中国难民工作，瞬将三载，每年施放振款，为数颇巨。现以经费枯涸、无法持续，经饶常务委员在离沪之前，曾开会决议，定于六月二十日停止给养，速即遣散，记录在卷。旋经顾主任之请求，体恤难民，所有口粮，展至本月底为止，并准每名给予一个月之恩粮，作为遣散之资。除将发给办法另行通告外，合布告各难民一体知照，遵

---

① 《南市难民区办理善后　尚有难民一万九千　少壮遣散限期甚促》，《申报》1940 年 6 月 18 日第 7 版；《法副领在南市难民区主持善后　慈善奖券是否终止　目下尚未有所决定》，《申报》1940 年 6 月 19 日。

令解散，自谋生活，有厚望焉，切切。

此布

代理常务委员谢士柏印

　　谢士柏还表示，难民区里收容的难民虽然将会被解散，但难民区的地位不会变更。饶家驹神父创立此区域，本意是设立一个安全区，难民区之名是当地人习惯的称呼。当时中日双方均对此表示同意，因此该区将来的地位应该不至于变更。[①]6月24日，善后委员会正式开始发放2万名难民一个月的口粮，每人约15磅半白米。这项支出的经费一半由难民协会负责，一半由法租界发行的慈善奖券拨付。[②]6月29日，遣散难民的口粮正式发放完毕，6月30日难民正式遣散，同时各收容所办事处的职员也在发给最低津贴费后解职。1940年7月3日，难民区监察委员会致函法国驻沪总领事馆，宣告难民区已于6月30日停止活动。南市难民区由此结束。尽管难民区结束了，但委员会为了纪念这项伟大的公教慈善事业，决定建立一座公教慈善医院，继续为难民服务。医院院址选取中国式房屋，由方济各玛利亚会修女管理，两位震旦大学毕业的学生负责治疗事宜。[③]

---

① 《难民区仍将维持原状》，《申报》1940年6月21日。
② 《南市难民区遣散难胞　每名给恩粮一月　今日起由会发放》，《申报》1940年6月24日第7版；《南市难区发放恩粮》，《申报》1940年6月28日。
③ 《饶神父地带现经结束》，《安庆教务月刊》1940年第92期。

南市难民区之所以在 1940 年 6 月底宣告结束，是有多方面原因的。其一，经费困难。如前所述，维持这样一个相当于一个小城镇的难民区需要大量的资金支持。起初，上海留存的经济基础还可以让饶家驹募集到难民区所急需的资金，但随着时间的推移，日军对上海的经济掠夺和"孤岛"的畸形繁荣已经无法为难民区提供更多的救济资金。饶家驹虽然曾去美国、加拿大等地为难民区募捐，但当募捐来的资金也消耗殆尽后，难民区的资金又成了难题。在难民区对外发布的通告中，也一直强调捐款减少，经费枯竭，因此不得已要遣散难民。其二，人口疏散。1940 年 1 月 6 日，伪上海特别市政府成立"复兴南市委员会"，其中重要的一项内容就是遣散难民。随着局势的逐渐平静，原有的一些难民也不甘于在难民区里无所事事，纷纷返回家乡或寻找其他出路。这样难民区里的难民人数就越来越少，难民区自然也就没有继续维持的必要了。其三，难民区的建立和维持得到了公共租界和法租界的大力支持，尤其是难民区毗邻法租界，法租界对于难民区的大力援助是其存在的重要条件。在难民区发生危机时，也都是由饶家驹出面向法租界请求援助，才化解了难民区的一次次危机。但在 1940 年 5 月德国入侵法国后，法国的势力日渐衰落，这势必也要影响到难民区的存续。其四，饶家驹返回法国后，难民区失去了最重要的掌门人，也就很难再延续下去。虽然饶家驹在临走前设立了善后委员会，并将区内善后事宜委托法国驻沪副领事兼难民区监察委员会委员谢士柏主持办理，但是，缺少了像饶家驹这样事必躬亲、影响力广泛、享有威望并深受难民爱戴的主持人，难民区的结束也是必然。

从 1937 年 11 月 9 日正式建立到 1940 年 6 月 30 日宣告结束，南市难民区一共存在了 963 天之久，保护了 30 万中国难民的难民区，这在当时的战争条件下实属不易。这使我们不禁思考是什么让难民区维持了 32 个月之久？当然，这大部分要归功于饶家驹为维持难民区所做的种种努力，各慈善团体、慈善人士对难民区工作的协助，难民区完善的管理模式等也是难民区得以维持延续的重要原因。

在难民区最为关键的资金来源方面，饶家驹出力颇多。为了扩大难民区的影响，吸引更多的人为难民区捐助，饶家驹经常参加各种社会活动，并经常接受记者的采访，使大家对难民区有更多的了解。在他的宣传下，不管是普通民众还是商界要人，纷纷为难民区捐款捐物。1938 年 5 月，难民区的资金面临枯竭，饶家驹奔赴美国募捐。他在美国发表演讲，指出难民区一个月要花费 30 万美元，但当时难民区唯一固定的经费来源，是中国政府允诺的每个月 10 万美元的援助，而中国政府迟迟没有发放这笔资金；难民区委员会未来的活动都要取决于此行募款的成功与否了，如果资金仍不到位的话，委员会的活动就只能再维持一个月了。[1] 令人惊讶的是，饶家驹的募捐之行获得了巨大的成功，他

---

[1] Father Jacquinot to Lecture in U.S.A., The North-China Herald and Supreme Court & Consular Gazette（1870–1941），May 11, 1938.

得到了美国总统罗斯福的接见，罗斯福总统批准了总数达 70 万美元的中国救济计划，这笔款项将以美国红十字会为中转机构，通过正规渠道转付给中国。饶家驹还在美国发起了"一碗饭"运动，大约筹集到了 100 万美元。重庆国民政府鉴于饶家驹为全国难民救济事业所作出的贡献，特意赠给他蓝宝石彩玉勋章，以示表彰与感谢。

在饶家驹完成募捐计划返回中国时，还有一个值得一叙的小插曲。上海的人们在港口等待着迎接这位募捐归来的英雄时，却惊讶地发现他不在本应乘坐的船上。这件事引起了轩然大波，人们纷纷猜测饶家驹身在何处。当时的各大报纸纷纷报道饶家驹失踪的消息，并对饶家驹的下落作出各种猜测。期间，有位外国妇人声称，"亚洲皇后"号船在长崎停泊时她还见到过饶家驹。有人推测饶家驹留在了日本视察水灾，有人猜测他在与日本的红十字会商讨难民区的相关事宜，甚至还有人担心饶家驹身携巨款，已被人谋财害命。此时，来自长崎的一个神秘包裹又让众人紧张起来，这个包裹里装的是饶家驹去美国时随身携带的书及美国的《读者文摘》杂志。包裹上的寄件人是饶家驹，但细心的人发现包裹上手写的"挂号"一词与饶家驹的笔迹不符。这使更多的人怀疑饶家驹是否在日本遭遇了不测。这件事还惊动了法国外交部，法外交部指令法国驻日本的大使馆积极地在日本各个地方寻找饶家驹。在巨大的舆论压力下，日本警方开始在日本搜寻饶家驹，并禁止日本的媒体刊登关于饶家驹的新闻。所幸饶家驹的朋友在看到报纸上看到饶家驹失踪的报道后，立刻到警察局报告了饶家驹的情况，这才使这场"饶家驹失踪"风波平息下来。饶家驹知道后，在第二天亲自给警察局打了电话，对自己给他们带来的麻烦表示抱歉。在接受记者采访时，饶家驹表示自己只是因为太累了想休息一下，所以才未按时返回上海，结果引起了这么多人的关注，他感到很吃惊，并为自己让大家担心而感到抱歉。①在饶家驹返回上海后，依然有许多人对他在日本的"失踪"感兴趣。有记者问他当他发现整个世界都在找他时有什么感受，他开玩笑似的告诉记者："我从来不知道我有这么重要"。②或许饶家驹并不认为自己有多么重要，但对于他所从事的事业来说，他已经重要到不可或缺了。这么多人对他的关注，也支持着饶家驹为难民事业作出更大的贡献。

饶家驹作为难民区的主持人，风雨无阻，坚持每日去难民区办公，对于区内的大小事务事必躬亲，极为负责。1937年11月23日，难民区内宁波籍妇人郑周氏突被女婿袁方兴持劈柴

① Jacquinot is Safe in Japan, *The China Press*（1925–1938）, Jul.26, 1938; Date of Father Jacquinot's Arrival is Still Uncertain, *The China Press*（1925–1938）, Jul.27,1938; Nippon Police Start Search for Jacquinot ,*The China Press*（1925–1938）, Jul.28,1938; New Mystery in Jacquinot Case Unveiled, *The China Press*（1925–1938）, Jul.29, 1938; Japanese Locate Fr. Jacquinot, *The North-China Herald and Supreme Court & Consular Gazette*（1870–1941）, Aug.3,1938; Father Jacquinot' No Longer Missing, *The China Weekly Review*（1923–1950）, Aug.3, 1938.

② Father Jacquinot Returns, *The North-China Herald and Supreme Court & Consular Gazette*（1870–1941）, Aug.3, 1938.

饶家驹佩戴勋章照片。1938 年 2 月 12 日，法国驻华大使向饶家驹颁发了法国国家最高荣誉勋章

（图片来源：上海市档案馆藏）

刀猛砍头部，袁方兴随即逃逸。饶家驹得报后，通知法捕房将周氏送往广慈医院治疗。① 南市难民区第四医院院长胡健伯在晏海路 456 号开设医院，此处房屋又被伪市立第五小学校长周志让看中，要求其迁移，胡健伯不肯，周志让便串通伪南市区警察局局长斋藤诬陷其有政治嫌疑，将其关押。法国领事谢士

① 《柴斧劈死岳母案悬两年尸属不愿追究　前日郎舅酒醉口角被捕》，《申报》1939 年 12 月 29 日。

柏请饶家驹设法营救，在饶家驹的努力疏通下，胡健伯才被放出。①1939 年 5 月 2 日，难民区内忽然发生房屋倒塌的惨案，有 18 人被压毙命，2 人重伤，42 人轻伤。事情发生后，饶家驹及办事处主任顾纶迅即赶往现场照料，并派员维持秩序。南市救火会人员全部出动，救护死伤。②1939 年 12 月 13 日，难民区一红木作坊发生大火，烧毁相邻的房屋及一所收容所，饶家驹及办事处主任顾纶到场维持秩序，并尽快将此难民所的难民安插到临近收容所。③ 这样的例子不胜枚举。由此可见，饶家驹不仅要设法满足区内难民的衣食住医等各方面的需求，难民区内所发生的一切事情也都要由饶家驹亲自过问。难民区发生职员舞弊案后，饶家驹为驳斥该职员的不实之词，还亲自登报澄清。难民区第七区区长克扣难民食粮、私吞难民寒衣的事情暴露后，饶家驹将其撤职，并将其管理的第七区撤销，归并到其他区内。总之，难民区内的事务无论大小，饶家驹都要亲自出面处理，这种事必躬亲的态度，实属难能可贵。

为维护区内难民的安全，饶家驹与日本方面保持着友好的关系，以便在出现问题时及时沟通。在公共场合，饶家驹也不得不说一些赞扬日本的话，表示自己衷心地感谢日本方面为中国平民

---

① 《难民区第四医院胡健伯被扣真相　伪小学校校长谋夺院屋未遂　伪警局日人诬胡有政治嫌疑　法领请饶神父营救始脱险》，《申报》1939 年 4 月 22 日。

② 《喜剧变惨剧　南市难民区坍屋　死伤六十余人》，《申报》1939 年 5 月 3 日。

③ 《南市昨大火　一收容所全毁　邻居某红木作失慎波及难民百余人已分配安插》，《申报》1939 年 12 月 14 日。

所做的这些努力。所以，饶家驹也得到了日本方面的信任。1938年3月，有两名住在北海道的男孩儿寄给上海的日军当局一封信，要求把信寄给"中国的年轻人"。两名男孩儿建议中日两国的年轻人可以修复两国的和平关系，并在信封内放了5美元来救济战区贫困的中国人。日本当局在接到这封信后，复制了这封信并把5美元作为礼物转寄给了饶家驹。饶家驹给两名日本男孩儿回信说：

亲爱的日本小朋友：

你们的信及你们5美元的珍贵礼物已经被日本大使冈本季正先生转交给我了，我被你们写给你们中国兄弟的信深深地感动了。你们提到年轻人的力量，这或许是今天世界上最伟大的力量。不论种族国籍，孩子们的心都是一样的。如果这种伟大的力量能被聚集起来，并被无与伦比的爱所激发，当这一代人成长起来，这个时代将会多么美好。

我坚信你们会永远记得你们信中所表达的想法，我希望我能活到世界上所有年轻人被友谊联结在一起，永远和平共处的时候。

最诚挚的祝愿

饶家驹

饶家驹还向冈本季正大使表示感谢，表示这5美元的象征意义远大于它的实际价值，并保证这笔钱会用在最能体现它的价值的地方。①1940 年 5 月，一家日本报纸还为饶家驹颁发了年度的 "Tairiku Shimpo"（《大陆新报》）奖，以表彰他在救助中国战争难民中的贡献。他还获得了一个银质奖牌，直径大约2.5英尺，上面印着代表中日友谊的两个女性。这个奖牌是由日本一位著名的雕塑家制作的。除了奖牌，饶家驹还得到 1000 日元的奖励。不久，他就把这笔钱捐给了难民。②

饶家驹与日本方面的这种良好的关系，在解决日军与难民区的冲突时显得尤为重要。1937 年 12 月，难民区附近的一名日本哨兵被击伤，日军进入难民区搜查，是饶家驹的尽力担保，才使日军退出了难民区。

饶家驹为难民区所付出的种种努力得到了各方面的认可和赞赏。1937 年 11 月 13 日，日本大使馆发言人热烈赞扬了饶家驹神父为人道主义事业作出的杰出贡献。这位发言人还赞扬了难民区监察委员会所做的努力。他指出："监委会出色的工作，加上日本军队提供的全面合作，将这个特殊区域中的平民从战争的恐怖中拯救了出来。"③时任日本首相的广田弘毅也曾致函饶家驹赞

---

① Fr. Jacquinot Acknowledges Letter of 2 Japanese Boys on China-Japan Youth Accord, *The China Press*（1925–1938），Apr.5, 1938.

② Father Jacquinot, Living Buddha, *The North-China Herald and Supreme Court & Consular Gazette*（1870–1941），May 1, 194; Fr. Jacquinot Honoured By Japanese Newspaper, *The North-China Herald and Supreme Court & Consular Gazette*（1870–1941），May 8, 1940.

③ 《上海法租界公董局警务处关于南市难民区的材料》，上海市档案馆藏，档案号：U38-2-1189。

扬其无私救助难民的精神："……阁下冒极大危险，在中日两国官员之间奔走，在该处（南市）设立避难地区，由悲惨之战争灾害中，救济数十万中国无辜民众，实为本大臣不胜感叹之事也！本大臣对于阁下献身的努力，与崇高的伟业，表示本大臣之敬慕与感谢之念，并祈阁下之健康与活动……"①

上海难民救济会主席潘公展为饶家驹特制匾额一方，赠送给饶家驹，以留纪念。匾上还题有一首诗："万家残破市萧条，一角土留幸未焦。始信人间有地狱，真成天国遣星轺。解衣推食泯界域，救死扶伤共俊豪。犹有哀鸿逾十万，馨香祷祝盼迎饶。"②潘公展将日军入侵下的上海比作人间的地狱，把饶家驹比作天国派遣的使者，由于饶家驹的努力，南市的一角才得以保全。饶家驹不分国籍，不分地域，为难民奔波劳苦，鞠躬尽瘁。但日军在中国到处肆虐，仍有超过十万的难胞等待着这位来自天国的使者来拯救。这首诗的字里行间，都体现着对饶家驹所作出的贡献的肯定。蒋介石还专门为饶家驹写感谢信，称赞其为救助中国难民不辞劳苦的精神。

法国驻华大使也对饶家驹的工作大加颂扬，称其成功地做到了他们永远无法实现的事情。③ 法国政府于 1938 年 2 月 12 日

---

① 赵尔谦：《我所认识的饶神父》，《宇宙风》1938 年第 76 期。
② 《救济协会筹备会积极进行》，《申报》1938 年 10 月 13 日。
③ 转引自任轶：《浅析两次淞沪抗战时期法租界当局与天主教会对难民的救助》，《民国档案》2015 年第 1 期。

通过驻华大使为饶家驹颁发了最高荣誉勋章。1938 年 4 月 9 日，美国海军亚洲舰队司令 H.E.Yatnell 致信饶家驹，向其在难民救助方面所作的贡献表示崇高的敬意。19 日，英国驻华司令、陆军少将 A.D.Telfer-Smollett 写信赞扬其伟大的工作，预言他创造的成功案例将被后人沿用。

难民是最懂得感恩的人，他们对饶家驹的感激，也体现在他们的一举一动中。1940 年 4 月 29 日是饶家驹 62 岁生日，难民区总办事处同人及世界红卍字会、难童小学、残老院、模范收容所等各团体均派代表前往祝嘏，并在难民区里散贴传单，张悬彩旗。上午 9 时，各界代表及难胞四五千人在难民区入口处迎接饶家驹入内，沿途难胞噙着热泪高呼"活佛""活佛"，饶家驹也被难胞的热情所感动。难民们还在总办事处为饶家驹举行了公祝典礼，仪式简单而隆重。饶家驹答谢说："我虽然不是中国人，但到中国生活已经 20 多年，已经成为中国人中的一员，因此救济中国人是我分内的事，承蒙大家的祝福，愧不敢当，只能把大家送的花篮等珍品供奉在天主前，以为大家祈祷祝福。"① 难胞们还准备为饶家驹铸立一座铜像，以资永久纪念，因此在一个周六的上午，一人手持一砖，举行了庄严的铜像奠基典礼。他们又打算把城内的方浜路——也就是难民区南面的界路——这条极富纪念意义的道路改为饶家路，方浜桥改为饶家桥，以志去思。不过难

---

① 《难民区为饶神父祝寿　难胞高呼"活佛"》，《申报》1940 年 4 月 30 日。

胞们心有余而力不足，由于他们既无金钱，又无势力，"欲把这些崇德报功的高尚理想付诸实施，又非俟他日不可。"①难民们还盛赞饶家驹"虽然失去了右手，但用左手做出了比许多人用两只手更多的好事"。②这种种令人感动的举动，表明了难民们对饶家驹真诚的感激之情。

　　除了饶家驹有目共睹的努力外，各慈善团体、慈善人士对难民区工作的协助、难民区完善的管理模式也是难民区得以成功延续的原因。这些作为"上海模式"的重要内容，为难民区的成功与延续奠定了基础。

---

① 赵尔谦：《饶神父的去思》，《申报》1940 年 6 月 18 日。
② 转引自任轶：《浅析两次淞沪抗战时期法租界当局与天主教会对难民的救助》，《民国档案》2015 年第 1 期。

马德里、巴黎、柏林的实践

由于德军的入侵，大批难民流亡各地。在此契机下，饶家驹成为罗马教皇的特使，到国外帮助协调难民救济活动。这使得他得以重返难民救济的舞台。

1937 年 11 月，上海难民区建立不久，高瞻远瞩的饶家驹曾对参观安全区的人们说，南市难民区的模式大可供欧洲将来发生战事时效法。凡贫苦的非战斗人员，可划出一地安插之，中立国受特殊训练之团体，届时可以出面拯救交战国的平民。[①] 饶家驹的这一思想随即在西班牙内战时期得到了运用。

1936 年西班牙发生内战，以佛朗哥为首的西班牙殖民军发动叛乱，意图颠覆成立不久的共和国。叛军与共和国的军队在西班牙境内展开了激烈争夺，频繁的战争使普通的平民深受其苦。

---

① 《南市难民区组织渐具体化》，《申报》1937 年 11 月 21 日。

在此情况下，1939 年英国和法国当局讨论了在西班牙设立难民区救助难民事宜。英、法政府表示，如果设立中立区域的办法可行的话，将会与佛朗哥接洽，并竭力促成此区域的建成。此项发起建立难民区的提议最初是由法国政府提出来的[①]，这很明显是受到了饶家驹在上海建立难民区的启发。最终，一个中立区在西班牙的马德里建立起来了。[②]

1940 年 5 月，德国入侵法国，身在上海的饶家驹看到因中日战争而流离失所的中国难民，便想到祖国人民也在遭受此种苦难，打算回国救济同胞。6 月 16 日，饶家驹离开上海，取道香港返回法国。但早在 6 月 13 日，德军就已经占领了巴黎，法国政府认为继续抵抗已是徒劳，因而与德国签订了停战协议。饶家驹是在回国的轮船上听到这一消息的。但是，他仍揣着建立难民区、拯救民众的设想返回了法国。

饶家驹回国后，被派去担任一个教区的神父一职。他心里仍旧希望建立一个难民区，但是，他的想法遭到了一些人的反对甚至嘲笑。饶家驹认为，尽管德国只占领了法国的部分领土，但空袭的威胁依然存在。巴黎的物资极度缺乏，没有机构对居民的生活必需品的供应进行调节。因此，建立一个难民区是必要而且必需的。[③] 但

[①] 《西班牙境内设难民区》，《申报》1939 年 1 月 27 日。
[②] ［美］阮玛霞：《饶家驹安全区——战时上海的难民》，白华山译，江苏人民出版社 2011 年版，第 180 页。
[③] ［美］阮玛霞：《饶家驹安全区——战时上海的难民》，白华山译，江苏人民出版社 2011 年版，第 158 页。

是遗憾的是，他的计划在自己的祖国并没有实现。主要原因是在法国，饶家驹得不到像在上海那样众多的支持和帮助，而且大多数人认为，他的这个计划没有必要。巴黎在流血，难民在挣扎，尽管饶家驹整天从报纸上看到众多的难民正在遭受颠沛流离的痛苦，但他对此却无能为力。

历史最终给了饶家驹重新施展抱负的机会。由于德军的入侵，大批难民流亡各地。在此契机下，饶家驹成为罗马教皇的特使，到国外帮助协调难民救济活动。这使得他得以重返难民救济的舞台。重新回到得心应手的难民工作中的饶家驹，比以往更加全身心地投入工作，尽管他已经是一位须发斑白的老人，但他仍不顾自己衰弱的身体，东奔西走，尽心尽力地为难民工作。1945年5月德国投降，6年的侵略战争耗尽了德国的人力与财力，混乱、饥饿、疾病，德国的万千妇孺在苦难中哭泣，具有大爱精神的饶家驹，又背起行囊，前往柏林，去救助德国难民。作为一个法国人，他不计前嫌地帮助这个曾侵略过自己国家、给法国带来无穷灾难的国家的人民；在他的眼里，只有受苦受难的人，而没有敌与友的区分。

永眠柏林

　　饶家驹离世的噩耗迅速传到了上海，各大报刊对饶家驹的去世表示了沉痛哀悼。9 月 18 日，上海的民众，尤其是接受过饶家驹帮助的人们，特意在饶家驹曾工作过的圣伯多禄天主堂举办追思弥撒。而南市旧难民区的教外人士也要求在圣若瑟堂为饶家驹举办追思弥撒，许多原来的难民扶老携幼，从四面八方赶来，参加了这次典礼。

　　1946 年 9 月初，由于过度劳累，饶家驹住进了柏林的医院，不得不放下了他心心念念的救济难民的工作。此时，医生诊断出他罹患了晚期白血病。仅数天后，9 月 10 日，饶家驹平静而安详地离开了人世。

　　在饶家驹去世时，当时在柏林的法军葛尼格将军下令法军为饶家驹举哀，柏林市政当局亦前往致敬。追思弥撒典礼由柏林总主教普来辛枢机亲自主持。饶家驹遗体安葬时，法军诺亚来将军作了简短演说，赞扬了饶家驹对于任何民族之牺牲服务精神。中国方面，当时的驻法大使钱泰也派代表参加了饶家驹的弥撒典礼。饶家驹离世的噩耗迅速传到了上海，各大报刊对饶家驹的去世表示了沉痛哀悼。9 月 18 日，上海的民众，尤其是接受过饶家驹帮助的人们，特意在饶家驹曾工作过的圣伯多禄天主堂举办追思弥撒。而南市旧难民区的教外人士也要求在圣若瑟堂为饶家驹举办追思弥撒，许多原来的难民扶老携幼，从四面八方赶来，参加了这次典礼。①

尽管饶家驹去世了，但其创立难民区救助平民的思想和主张却保存了下来。1948 年巴勒斯坦以色列冲突期间，烽火中出现了 2 个中立区，一度曾是 3 个，在国际红十字会的指示和完全管理下，中立区在耶路撒冷建立并运行起来。②

此后，在各场战争中，我们总能见到"饶家驹区"的影子，在无情的战火中，给予苦痛的人们以最大的安慰。

① 《公教益闻：饶家驹神父在柏林逝世》，《圣心报》1946 年第 60 卷第 11 期，第 364 页。
② ［美］阮玛霞：《饶家驹安全区——战时上海的难民》，白华山译，江苏人民出版社 2011 年版，第 180 页。

尾　声

　　由饶家驹创立的难民救助的"上海模式"，对当代文明产生了重大影响。早在 1938 年第 16 届国际红十字会通过的"安全区决议案"中，上海的"饶家驹区"就已经被视为战时保护平民的成功范例。到 1949 年时，饶家驹区又被当作一个成功的"上海模式"，写入了《关于战时保护平民之日内瓦公约》，即日内瓦第四公约。

　　日内瓦第四公约的第十四、第十五条所提到的安全地带的设立，便受到了饶家驹设立上海南市难民区经验的启发，也将这一经验用条约的形式予以确认。第四公约的第十四条规定：

　　　　各缔约国在平时、冲突各方在战事开始后，得在其领土内，并于必要时在占领地内，设立医院及安全地带与处所，加以适当的组织，使能保护伤者、病者、老者、十五岁以下儿童、孕妇及七岁以下儿童之母亲，俾免受战争影响。在战事开始时及其进行中，有关各方得缔结协定互相承认所设立之地带与处所。各该国得为此目的实施本公约所附协定草案之规定，连同其所认为必要之修改。为便于医院与安全地带及处所之设立及承认，应请保护国及红十字国际委员会从事斡旋。

饶家驹设立南市难民区的目的，即是为了保护战争状态下的平民。在难民区成立后，区内设立了收容所、医院、学校等机构，并有大量工作人员为难民们服务，使难民们的生活有了保障。在饶家驹为成立难民区而在中日两国间斡旋时，其背后始终有红十字会以及在沪的英法美各国势力的支持。也正是在这些势力的支持下，南市难民区才得以顺利地建立。这些也是南市难民区与日内瓦第四公约的第十四条的共通之处。

第四公约的第十五条规定：

任何冲突之一方，得直接或通过一中立国或人道主义组织，向其敌方建议在作战区域内设立中立化地带，保护下列人等免受战争之影响，不加歧视：（甲）伤、病战斗员或非战斗员；（乙）不参加战事及虽居住在该地带内而不从事军事性工作之平民。如有关各国对于拟议之中立化地带之地理位置、管理、食物供给及监督均予同意，应由冲突各方之代表签订一书面协定，该协定应规定该地带之中立化之开始及期限。

饶家驹所设的南市难民区是由代表中立的饶家驹向处于交战地位的中日双方提议建立的，尽管中日双方没有直接达成协议，但他们分别与饶家驹达成了关于难民区地理位置、管理、监督等方面的问题的协议。事实上，处于交战状态下的冲突各方很难就公约中所提到的关于中立化地带之地理位置、管理、食物供给及监督完全达成一致，因此饶家驹的做法显然更具有灵活性。

日内瓦第四公约的附件一《关于医院及安全地带与处所协定草案》与饶家驹的南市难民区关系尤为密切。其第二条规定：

> 在医院或安全地带内居住之人，无论以任何资格，不得在该地带内外从事任何与军事行动或战争物资生产有关之工作。

在饶家驹与日方就设立难民区问题进行交涉时，也一直强调这一地区专为平民保留，在这个区域内不会有任何军事行动和任何武装敌对行为。

附件一的第三条写道：

> 设立医院及安全地带之国家应采取一切必要措施，对于无权居住或进入该医院与安全地带之人禁止入内。

在饶家驹与中国政府协商建立难民区时，中方已经同意在方浜路上设置铁丝网作为路障，而南市难民区在成立当天，日方也为其颁发了可以在方浜路设立铁丝网的证书。而当时民国路与法租界交界处均有铁门，这样，方浜路上有铁丝网和日军的岗哨，民国路上有铁门和看守铁门的法租界巡捕，难民区就可以有效地阻止无权居住或进入的人。

附件一的第四条规定：

> 医院及安全地带须具备下列条件：（甲）仅能占设立医院地带之国家所统治的领土之一小部分；（乙）就容纳可能言，应属人口稀少之地区；（丙）应远离军事目标，或庞大工业或行政设置，并且本处亦无此项目标；（丁）不应设在可能变为在作战上具有重要性之地区。

饶家驹在考虑难民区的选址时，已经考虑到了上述因素。南市区靠近法租界的这一带面积大小合适，由于这里的居民大多已经逃往法租界，因而剩余的人口少，可以容纳比较多的难民；这一区域内没有什么重要的军事目标，中国方面承诺原有的两个军事设施不会被使用；这一区域并没有战略上的价值，因而也不会成为中日双方争夺的焦点。正是由于这些因素，中日双方都很快答应了饶家驹将这块区域作为难民区的请求。

其第五条记载：

医院及安全地带应遵守下列义务：（甲）其交通线与所有之运输工具不得用以运输军事人员及物资，即使是过境者。（乙）绝不得以军事方法防御之。

饶家驹曾担保南市难民区内不会有任何军事行动和任何武装敌对行为，而且南市难民区建立时上海的战局已定，因此难民区也没有必要与军事人员或军事物资扯上关联。难民区的警戒起初由只佩带手枪和警棍的警察负责，不久这些警察遭到日军射击，因而饶家驹又商请法租界派巡捕来维持难民区秩序，这一点也体现了它的非军事性。

其第六条规定：

医院及安全地带应在其建筑物上及其外围放置白底红斜带之标志，以资识别。专为伤者病者保留之地带，得以白底画有红十字（红新月、红狮与日）之标志标明之。在夜间得以适当照明方法同样标明之。

南市难民区正式成立的前一日，就由难民区的工作人员在难民区的四周及房屋顶上插上了白底红十字的旗帜，以资识别。

附件一的第八条规定：

凡承认其敌国所设立之一个或数个医院及安全地带之国

家，应有权要求由一个或几个特别委员会管制之，俾资确定此等地带是否履行本协定所规定之条件与义务。为此目的，特别委员会委员应随时得自由进入并长期居住于各该地带。对于彼等之视察任务应给予各种便利。

饶家驹在南市难民区中成立的难民区监察委员会就有管制难民区的权利和保证难民区履行既定协定的义务。监察委员会的委员们经常在难民区视察，并保证每天至少有一人在难民区办公处驻守，以确保委员会所担保的各项条件的履行。

其第九条规定：

如特别委员会发现其所认为违反本协定之条款之事实，应立即督促管理该地带之国家注意该项事实，并限定于五日内予以纠正，该委员会应及时通知承认该地带之国家。如限期已过，而管理该地带之国家并未遵照警告办理，敌方得宣布对于该地带不复受本协定之拘束。

在饶家驹与中方的协定中，也有如果出现任何违反安排的协定，应当立即上报的规定。

其第十条规定：

凡设立一个或数个医院及安全地带之国家，及接获其存在之通知之敌方，应指派或由保护国或使其他中立国代派合格人员充任第八条及第九条所述之特别委员会委员。

目前还没有资料说明南市难民区监察委员会的成员是饶家驹挑选的还是他们自愿要求出任的，但从难民区举办的实际效果来看，他们绝对是合格的。

其第十一条规定：

医院及安全地带在任何情形下不得为攻击之目标。冲突各方应随时予以保护并尊重。

南市难民区在南市战斗最激烈的时候也没有受到轰炸或炮击，仅有少数流弹进入该区，这也是中日双方尊重难民区的体现。

其第十二条规定：

在领土被占领之场合，当地之医院及安全地带应继续受尊重并仍作此用。但占领国在对于该地带居住之人已采取各种措施保证其安全者，得改变其用途。

南市难民区在日军占领上海除租界以外的地方后，依然保持了难民区的地位，监察委员会仍旧在区内正常工作。

　　笔者在这里不厌其烦地引述日内瓦第四公约的详细内容，是要证明，日内瓦第四公约所规定的内容，大量借鉴了饶家驹创立南市难民区保护难民的做法，并将饶家驹建立难民区的理念，以条约的形式予以规范化，使其在实践中能够更好地指导其他地区设立类似的安全地带。《日内瓦公约》的制定，也是对饶家驹创立的难民救助的"上海模式"的充分肯定。

　　时至今日，尽管饶家驹所处的那个时代已经离我们远去，和平与发展已成为世界的主旋律。但当今世界仍存在着战争，因此，饶家驹建立难民区的理念仍有用武之地。

　　比如如今叙利亚的难民问题，牵动了多少慈善人士的心。由于叙利亚境内战火不断，叙利亚境内的居民处境十分悲惨。一部分居民在无休止的炮火中丧命，一部分居民为躲避战火，不得不背井离乡，成为战争难民。这些难民的处境也令人担忧。一部分难民在逃难途中被武装势力抓住，饱受酷刑、性奴役、强迫劳役的折磨；一部分难民虽逃过了武装势力的魔爪，却倒在了漫长的逃难路上。一幅 3 岁叙利亚小难民的尸体在地中海漂浮的照片传遍世界，并叩问着人们的良知：3 岁的 Aylan 本应在母亲的怀抱里撒娇，却因为战争而远离故土，幼小的生命结束在冰冷的海水中。反观 80 年前饶家驹创设的上海难民区，孩子们有吃有穿，还可以去读书唱歌，患病者也可以得到医疗照顾，境遇要比这个三岁的小难童要好得多得多。再者，叙利亚难民还面临着一个尴尬的问题，一些难民经过重重波折终于到达了别的国家，这些国家却出于种种考虑，不肯接纳叙利亚难民。这些难民尽管逃脱了国内战争的威胁，但基本的生命安全仍无法得到保障。由此，我们更感觉到饶家驹就地建立难民区珍贵的示范意义。笔者以为，如果我们在解决叙利亚难民问题上换一种思路，待国际社会共同伸出援助之手，由中立组织在叙利亚境内划出一块难民区，将难民整体迁入，由中立人士管辖区内一切事务，并提供食物、房屋、安全、医疗等各方面的服务，或许能尽可能地解决叙利亚难民遇到的上述问题。

饶家驹的一生大部分时间都用在了救助难民的事业上，他在上海生活了多年，也正是上海所处的特殊的时空背景为饶家驹提供了施展才华的舞台。在上海，饶家驹由一名普通的传教士成长

一位名叫 Aylan 的 3 岁叙利亚难民儿童伏尸土耳其海滩（网络照片）

为一位战时平民的保护神，他建立难民区的理念、保护难民的实践以及在保护难民中所体现出来的坚毅、果敢、顽强斗争的品质，成为后人效仿的榜样。在此过程中，饶家驹的才干让他当之无愧地成为一名杰出的外交家、组织者、慈善大师。他救助过的中国人民不会忘记他，世界上所有难民区的受益者也不会忘记他所作的贡献，他将永远活在人们的心中。

后　记

　　20 年前我第一次读到法国人饶家驹呕心沥血在上海建立难民区的文字，曾心潮澎湃，对这位大爱无疆的饶神父由衷佩服。我一直考虑如何弘扬这一历史，传播这段佳话，此后约了研究生沈晓青收集资料。2004 年，上海社科院的潘光教授约我一起接待美国国会图书馆研究人员阮玛霞女士，交流饶家驹和上海难民区的史料与信息；阮玛霞后来写成了《饶家驹安全区——战时上海的难民》一书，而我的学生因留学日本而改变了学术趣向。

　　2013 年夏，德国拉贝交流中心驻华办事处的姜玉春先生来上海见面，介绍将借"德法和解 50 周年暨德法友好年"之机，在柏林举行饶家驹墓地树立纪念碑的活动；他希望上海方面能代表中国有所表示。饶家驹曾在上海生活了 27 年，他自己说这里是他的第二故乡，并且在黄浦江畔冒着战火保护了数十万难民。我遂与上海历史学会会长熊月之教授商定，以历史学会的名义发送了签名盖章的信函。是年 9 月，在德国西柏林的法国公墓区内举行了伟大的人道主义者饶家驹先生的墓碑揭幕仪式，中国、法国、德国的外交官、历史学者、教会代表、媒体代表等出席，姜玉春先生在仪式上宣读了上海历史学会的贺信。饶家驹的墓碑上覆盖着一面硕大的用中、法、德三国国旗拼接而成的旗帜。

然后我们决定在上海主办一个饶家驹与上海难民区的国际研讨会，以颂扬饶家驹的人道主义精神。在中国人民对外友好协会和文化部的支持下，这个研讨会列入了中法建交 50 周年的正式纪念活动。2014 年 11 月 8 日，"饶家驹与战时平民保护"国际学术研讨会在上海师范大学隆重举行。次日，与会的中国、法国、德国、美国、荷兰、韩国等国代表一起瞻仰了饶家驹曾经的工作地——圣伯多禄天主堂，以及他在震旦大学的住宿大楼，然后走入难民区遗址，寻觅当年的踪迹。这一天是 11 月 9 日，也就是 77 年前饶家驹难民区开始运营的日子。

第二次世界大战战前和战争期间，上海曾为三万犹太难民提供了避难所，这件事今天已家喻户晓了。而"饶家驹安全区"使 30 万中国平民免遭战火的杀戮和伤害，是来沪避难犹太人的十倍。这 30 万人的后代大概有数百万人，他们生活在上海和中国、世界各地，也应铭记"饶家驹安全区"的救命之恩。一批难民和从事难民救助的人员成长为社会精英，如上海市市长曹获秋、上海市委书记陈国栋、上海市副市长刘述周和杨堤、外交部副部长韩念龙、华东军政委员会文化部副部长及中共上海市委宣传部部长彭柏山、全国人大常委的著名经济学家吴大琨等。不仅如此，饶家驹的善举还推动了国际社会对战时平民保护的重视，最终形

2014 年 11 月 8 日，"饶家驹与战时平民保护"国际学术研讨会在上海师范大学顺利举行，这是开幕式现场。左起为会议发起人苏智良教授、上海师范大学党委书记陆建非教授、中国日本史学会名誉会长汤重南教授、国际红十字会地区法律顾问理查德·德加涅先生、德国驻沪领事文木森先生、法国驻沪副总领事马言斌先生

（陈斌摄）

2014 年 11 月 9 日，也就是南市难民区建立的 77 周年纪念日，国际会议的部分代表来到当年难民区最重要的出入口——城隍庙的山门前留影。

（陈斌摄）

《中国之友——饶家驹大铜章》之正面，张长明、张琛琛设计

成日内瓦第四公约，推动了人类文明的进步。可见，"饶家驹安全区"这个被人们忘却了的"上海模式"的历史功绩和历史意义，是怎样高度评价也不过分的。

为纪念饶家驹创立南市难民区的壮举，颂扬他热爱和平、憎恨战争的博大胸怀，上海会议的代表一致签署了《关于在豫园—城隍庙一带建立饶家驹及难民区纪念设施的倡议书》，建议：一、在原南市难民区旧址建立纪念碑，记述这段历史；二、在原南市难民区区域内，竖立饶家驹先生的纪念像；三、尽可能地保护难民区原来的建筑，保存城市的文脉；四、加强对这段历史的研究，将这一事例写入教科书和其他书籍；五、争取在原南市难民区区域内，建立纪念馆，长期固定展览，广为宣传。

会议之后还有许多事值得一书。《饶家驹与战时平民保护》论文集于 2015 年 6 月由广西师范大学出版社出版后，被国家确认入选当年纪念世界反法西斯战争胜利 70 周年百种重点书目。在纪念抗日战争胜利 70 周年的日子里，我作了 50 场演讲，其中多场是颂扬饶家驹与上海难民区的。8 月，新华社内参长篇刊登饶家驹保护中国难民的故事，该社社长要求深度报道，于是出现了一波宣传高潮。其中上海人民广播电台的金亚记者做了系列节目，并采访到多位已是耄耋之年的当年的难民。上海 SMG 音像资料馆发布了饶家驹与难民区珍稀音像发布会暨纪录片开拍仪式，该纪录片将在 2017 年全面抗战爆发 80 周年时放映。10 月，在金鸣先生、刘保磊先生和我的共同策划下，北京麦朵尔文化艺术传播有限公司与中国麦朵尔艺术俱乐部设计、雕刻并发行《中国之友——饶家驹大铜章》纪念章，精美的大铜章受到麦朵儿爱好者的喜爱。

在纪念和弘扬饶家驹业绩和上海难民区的活动中，我衷心感谢中国文化部、中国人民对外友好协会、国际红十字会东亚地区代表处、法国驻上海总领事馆和德国驻上海总领事馆，还要感谢在华法侨历史协会上海委员会、上海市档案馆、上海历史博物馆、德国拉贝交流中心驻华办事处等。感谢美国的阮玛霞教授，不仅开拓了饶家驹的研究，且莅临上海与会，并与大家共享了一段饶家驹先生的珍贵影像。感谢姜玉春先生的热心倡议，他还访问过饶家驹的故乡。感谢陈一心先生，他的父亲陈鹤琴先生是公共租界工部局华人教育处处长，也是饶家驹的合作者。感谢潘光先生，他的父亲是越南归侨、震旦高才生潘大成（潘达）先生，潘大成不仅是饶家驹的学生，还是饶家驹难民救助中的得力助手。感谢百岁老人、当年中共江苏省委难民工作委员会主任周克先生接受我们的采访。感谢上海市档案馆、上海历史博物馆和上海音像资料馆的大力协助，还要感谢法国驻上海副总领事马言斌先生的热心支持，感谢上海市社联老领导沈国明先生的推动，以及上海人民广播电台的鼎力支持。

本书的完成，还要感谢我指导的研究生和合作者王海鸥。自我们商定以饶家驹与难民区作为学位论文后，海鸥就全身心地投入，她的能力也通过本课题的研究有了很大的提高。海鸥还携手陈斌同学等找寻老难民，探访老旧址，李君益同学翻译了法语材料，王雅琴同学翻译了日文资料。还有德国拉贝交流中心驻华办事处的姜玉春、上海社科院的牟振宇和江文君、上海档案馆的庄志龄和张姚俊、黄浦区地方志办公室的汪志星、黄浦区档案馆的景志宇等，也提供了许多方便，在此一并表示感谢。

略感遗憾的是，纪念保护南市难民区遗址和建立饶家驹纪念像，至今毫无进展。

我的愿景是，希望未来能将上海南市难民区和犹太人难民区打包申请世界文化遗产。上海是世界反法西斯战争中最大的难民城市和拯救难民最出色的城市。两个难民区的案例，共同体现了上海这座城市的坚强品格、国际主义精神和人道主义光芒。"申遗"的过程将大大提高我们保护这些城市文脉的积极性，而对这些遗存的保护与延续，不仅体现着上海这座城市的文化多样性，还可以延续这种可贵的城市精神。

如今，岁月如流，逝者已逝。南市难民区的老建筑已日渐凋零，犹太人隔离区的境况也差不多。保护这些人类文明史中的重要见证和上海这座城市的文脉，是我们刻不容缓的使命。

最后我愿意再重复我写过的话：如果哪一天，饶家驹的南市难民区和上海犹太难民隔离区能成为世界文化遗产，那实在是一件非常美妙的事情。

苏智良

2017 年 1 月 10 日于上海师范大学

责任编辑：陈佳冉
封面设计：石笑梦

图书在版编目（CIP）数据

上海拉贝——饶家驹／苏智良，王海鸥 著 . —北京：人民出版社，
　2017.6
ISBN 978－7－01－017440－2

I.①上　　II.①苏　②王…　III.①饶家驹（1878—1946)–生平事迹
　IV.① B979.956.5

中国版本图书馆 CIP 数据核字（2017）第 048152 号

上海拉贝：饶家驹
SHANGHAI LABEI RAO JIAJU

苏智良　王海鸥　著

人民出版社 出版发行
（100706　北京市东城区隆福寺街 99 号）

北京新华印刷有限公司印刷　　　　　新华书店经销

2017 年 6 月第 1 版　2017 年 6 月北京第 1 次印刷
开本：680 毫米 ×960 毫米 1/16　印张：17.75
字数：170 千字

ISBN 978－7－01－017440－2　定价：48.00 元

邮购地址 100706　北京市东城区隆福寺街 99 号
人民东方图书销售中心　电话：(010) 65250042　65289539